Andreas Fischer
Mal kurz nach Indien

Andreas Fischer

Mal kurz nach Indien
Mit der Royal Enfield zur Kumbh Mela

Re Di Roma-Verlag

Bibliografische Information der Deutschen Nationalbibliothek:
Die Deutsche Nationalbibliothek verzeichnet diese Publikation in der Deutschen Nationalbibliografie; detaillierte bibliografische Daten sind im Internet über http://dnb.ddb.de abrufbar.

ISBN 978-3-86870-247-7

Copyright (2010) Re Di Roma-Verlag

Alle Rechte beim Autor

www.rediroma-verlag.de
11,50 Euro (D)

Für Heike,
die ich gerne mitgenommen hätte

Inhalt

Vorwort	9
1. Eine indische Legende	11
2. Wo bitte geht's nach Haridwar?	23
3. Kumbh Mela	33
4. Nichts als Yoga	51
5. Relaxte Tage in Rishikesh	63
6. Südwärts	75
7. Big Mother India	91

Vorwort

Warum dieses Buch? Es gibt unzählige Bücher mit den abenteuerlichsten Reisegeschichten. Viele davon über Indien. Zweifelsohne eignet sich der indische Subkontinent für solche Geschichten wie kaum ein anderer. Vor einigen Jahren bekam ich meinen ersten Reisebericht über Indien in die Hand gedrückt. Von Beginn an faszinierte mich dieses unbekannte Land mit all seinen befremdlich wirkenden Eigenheiten. »Da musst du mal hin«, hörte ich mich selber sagen, wenn ich mal wieder ein neues Buch durchgelesen hatte. Da gab es aber ein kleines Problem. Alle Autoren hatten etwas, was mir fehlte: »Zeit zum Reisen«. Indienreisende denken nicht in Tagen oder Wochen, sondern eher in Monaten. Geht das überhaupt:
»Mal kurz nach Indien«?
Lassen Sie es uns doch mal gemeinsam ausprobieren. Die folgenden Seiten schildern meine Erlebnisse über den Zeitraum von zwei Wochen. Nur 14 Tage zwischen Neu-Delhi und Rishikesh, mit einem Zwischenstopp in Haridwar. Wir wollen dort die »Kumbh Mela«, das größte Pilgerfest der Welt, besuchen. Sie brauchen bloß aufzusteigen, um dabei zu sein. Wir reisen nämlich mit

dem Motorrad. Genauer gesagt: Mit einer Royal Enfield. Nordindien, gesehen durch das Visier eines Sturzhelms. Der Sozius ist für Sie frei.

Doch bevor wir gemeinsam starten, möchte ich noch etwas klarstellen. Dieses Buch erzählt eine Geschichte, die sich auf meine persönlichen Eindrücke stützt. Trotz meiner Bemühungen, das Erlebte möglichst wertfrei wiederzugeben, ist es natürlich eine subjektiv geprägte Geschichte. Ich möchte mir keinesfalls anmaßen, Dinge oder Begebenheiten aus meinem persönlichen Blickwinkel zu bewerten. Ich beschreibe lediglich meine Gedanken und Empfindungen, die ich in der jeweiligen, individuellen Situation hatte. Ob Sie dieses für sich als gut oder schlecht einordnen, müssen Sie als Leser schon selbst entscheiden. Aber denken Sie stets daran: »Nichts ist, wie es scheint«. Schon gar nicht in Indien.

Viel Spaß wünscht Ihnen:
Andreas Fischer

1. Eine indische Legende

Der kleine Suzuki stoppt überraschend, wo ich es nicht erwartet hätte. Es ist noch stockdunkel, und die Gegend macht einen recht unaufgeräumten Eindruck. Hier in der Nähe soll also unsere Unterkunft sein. Anfangs nehme ich nur einige Kühe wahr, die in aller Seelenruhe auf der Straße schlafen. Doch bist du erst einmal ausgestiegen, siehst du auch die ersten Hunde herumliegen. Sie sind uns anscheinend wohlgesonnen. Oder vielleicht auch viel zu müde, um morgens um halb fünf zwei frisch in Delhi gelandete Bleichgesichter anzukläffen. Jedenfalls heben sie nur mal kurz den Kopf, um uns als ungefährlich einzustufen. Wenn jetzt nur einer von denen anfängt zu bellen, geht das Theater los. Nein, alle bleiben still und friedlich in irgendeinem kuscheligen Schlagloch am Straßenrand liegen. Auch Menschen schlafen hier. Und es sind nicht gerade wenige. Einige liegen auf einfachen Bettgestellen. Für andere verläuft die Nachtruhe weniger komfortabel. Ihnen müssen betonierte Treppenabsätze und eine dünne Decke reichen. Die Temperatur ist dabei nicht das Problem. Es ist warm, – sogar sehr warm. Es ist April. Da klettert das Thermometer in Neu-Delhi schon mal mit Leichtigkeit über die für Europäer so beunruhigende Marke von 40 Grad.

»Your hotel, left side«, flüstert der Fahrer, und drängt uns auf die andere Straßenseite.

Die Entscheidung für diese Unterkunft haben wir ja schließlich selbst getroffen. Bereits zu Hause in Deutschland hatten wir uns schon für das Bahnhofsviertel *Pahar Ganj* entschieden. Es gibt sicherlich bessere Gegenden in der Stadt. Was Hotels und Unterkünfte angeht, hat *Delhi* jede erdenkliche Variante anzubieten. Das reicht von dem Loch für eine Nacht, bis hin zum internationalen 5-Sterne Luxushotel. Wer hier nichts findet, ist selber schuld. Aber, wie überall auf der Welt, hat auch in Indiens Metropole alles seinen Preis. Ist das jetzt alles eine Frage des Geldes? Nein, nicht nur. Für uns geht es eher darum, was wir benötigen. Und da sind Volker und ich nun wirklich nicht besonders anspruchsvoll. Für unsere Ansprüche bietet sich der *Main Bazar* förmlich an. Zentral gelegen, mit Unmengen von günstigen Unterkünften ist er das Backpackerzentrum von *Delhi*. Hier treffen sich die Rucksackreisenden aus aller Welt. Das bedeutet, dass wir neben einem Dach über dem Kopf auch alles andere vorfinden werden, was wir die nächsten Tage brauchen.

»Wohin jetzt?«

»In die Seitengasse?«

Die ganze Stadt befindet sich im Tiefschlaf. Niemand außer uns ist hier weit und breit zu sehen. Nur ein paar Handwerker, die mitten in der Nacht eine Wand verputzen. Aber eines ist klar. Tagsüber wird es hier von Menschen nur so wimmeln. Alles deutet darauf hin, dass den Gassen bei Sonnenaufgang abrupt neues Leben eingehaucht wird. Die menschlichen Hinterlassenschaften des heutigen Tages sind noch überall deutlich zu sehen. An manchen Stellen kann ich sie auch riechen. Nur jetzt sind alle Läden mit metallenen Rolltoren fest verrammelt. Dabei wird nichts dem Zufall überlassen. Zwei bis drei dicke Vorhängeschlösser sind keine Seltenheit. Auch die Tür zum »*Guesthouse*«, wo wir noch ein paar Stunden Schlaf nachholen wollen, ist gesichert wie Fort Knox. Ein kurzes Kopfzeichen des Fahrers und die Tür öffnet sich in Sekundenschnelle. Wir wurden tatsächlich erwartet. Ein verschlafenes

»Welcome to India.«

des völlig übermüdeten Nachtportiers trifft uns aus dem Dunkel des Raumes. Ich ergattere gerade noch zwei Flaschen Wasser, und schon liegt er wieder auf seiner Matratze hinter dem Tresen. Unser Zimmer ist okay. Wir haben anscheinend alles richtig gemacht.

Resümee der ersten Stunden in New Delhi:

Das Taxi war pünktlich um halb vier morgens am Ankunftsterminal, der Fahrer hatte sogar meinen Namen richtig auf das Stück Pappe geschrieben. Das Auto erreichte ohne Panne den *Main Bazar*, wo man im Hotel auf uns wartete. Das alles hatte ich aus Deutschland mit einer E-Mail eingestielt. Auf Vertrauensbasis und ohne Anzahlung.

Fazit: Die Inder sind auf Zack. Das soll denen erst mal einer nachmachen.

Gegen 10 Uhr werden wir durch die neugierigen Blicke einer Taube geweckt. Sie kratzt schon eine ganze Weile an dem kleinen Fenster zum Innenhof. Eigentlich ist es gar kein Fenster, sondern eher eine Art Klappe mit Fliegendraht, gerade mal groß genug, um vielleicht den Oberkörper hindurchzuzwängen. Man versucht damit, die Wärme draußen zu halten, denn es ist auch ohne direkte Sonneneinstrahlung schon ordentlich warm im Zimmer. Eine kleine Demonstration dessen, was die indische Sonne in den nächsten beiden Wochen für uns bereithält, bekommen wir präsentiert, als das Frühstück auf dem Dach serviert wird. Ein Restaurant auf dem Dach ist in *Delhi* nichts Ungewöhnliches. Freie Flächen sind hier Mangelware. Was liegt also näher, als die keine Küche mitsamt Tisch und Stuhl auf das Dach zu verbannen.

Das *Roof Garden Restaurant,* so die offizielle Bezeichnung dieses etwa 5 mal 5 Meter messenden Vierecks, lockt seine Besucher mit einem Design aus Metall und Plastik von schier zeitloser Eleganz. Der Anteil des Plastiks fällt auf die Bestuhlung, die vermutlich schon Jahrzehnte zuverlässige Dienste leistet. Was sich der Erbauer bei der Auswahl des Aluminiumbleches als Fußbodenbelag gedacht hat, wird jedoch für immer sein persönliches Geheimnis bleiben. Vielleicht wollte er die größte Herdplatte der Stadt erschaffen. Bei der momentanen Sonneneinstrahlung ist die Fläche jedenfalls ohne Schuhe definitiv nicht begehbar. Aber auch an das Wörtchen »g*arden»* hat man bei der Gestaltung gedacht. In der Ecke kämpft ein kleines mickriges Grünpflänzchen verzweifelt ums Überleben. Es ist also alles vorhanden, was die Beschilderung im Erdgeschoss verspricht. Wir sind begeistert. Von hier oben hat man einen guten Blick auf die Nachbargebäude. Sie sind wirklich nur einen »Katzensprung» entfernt. Alles steht dicht an dicht. Du brauchst nur die Hand aus dem Fenster zu strecken, und schon streichelst du die Außenwand deines Nachbarhotels. Na ja, – jedenfalls fast. Was ich damit sagen will:

Es wird unübersehbar in die Höhe gebaut. Apropos Bauen: Das scheint hier momentan ein hochaktuelles Thema zu sein. Überall auf dem *Main Bazar* wird gebaut oder abgerissen. Manchmal auch beides gleichzeitig. Ohne Rücksicht auf Verluste. Sie haben auch die ganze Nacht unter unserem Fenster gebaut. Mit scheinbar nicht endend wollender Energie. Ein fleißiges Völkchen, diese Inder, – immer mit einer Ladung Backsteinen auf den Kopf unterwegs. Auch um 4 Uhr morgens.

Das Frühstück wird serviert. Der Küchenchef ist ein netter Kerl, durchlebt aber offenbar gerade ein Motivationstief. Denn sehr einfallsreich ist das, was die Küche verlässt, nicht gerade. Aber bleiben wir mal fair. Normalerweise können wir uns glücklich schätzen, überhaupt noch etwas zum Frühstück zu bekommen. Es ist mittlerweile halb elf. Da hat ein Durchschnittsinder schon fünf Stunden die Augen auf und die ersten beiden Hemden durchgeschwitzt. Das müssen wir der Gerechtigkeit halber auch mal erwähnen. Aber der Durchschnittsinder hat ja auch keinen Langstreckenflug hinter sich.

Es ist an der Zeit, zum organisatorischen Teil des ersten Tages überzugehen. Was braucht der Backpacker im Jahr 2010, wenn er frisch in Indien angekommen ist? Richtig! Eine SIM-Karte für das Handy. Nein, – besser gleich zwei. Eine für Volker und eine für mich. Damit können wir uns dann für nur wenige Rupees gegenseitig anrufen. SIM-Karten gibt es problemlos im Telefonladen um die Ecke. Aber ein bisschen indische Bürokratie gilt es dabei schon zu überwinden. Dazu benötigt der Mobilfunkhändler deines Vertrauens je eine Fotokopie von Pass und Visum, und natürlich ein aktuelles Passbild. Als Gegenleistung füllt er aber auch alle Antragsformulare aus, während kleine, helfende Kinderhände in Windeseile dein Mobiltelefon in sämtliche Einzelteile zerlegen. Aber alle Bedenken sind überflüssig. Sie wissen genau, wie sie die neue Karte in jedes einzelne Modell einbauen müssen. Schließlich brauchst du den ganzen Papierkram dann nur noch unterzeichnen. Der Vorgang braucht zwar seine Zeit, lohnt sich aber in jeder Hinsicht. Zugegeben, das ist jetzt ohne weitere Erklärungen schwer nachvollziehbar. Aus welchem wichtigen Grund sollten Volker und ich in Indien miteinander telefonieren? Die Antwort darauf ist recht einfach. Wir werden möglicherweise räumlich voneinander getrennt sein. Wie es zu dieser unfreiwilligen Trennung kommen könnte, erklärt vielleicht unser nächster Tagesordnungspunkt.

Die *Royal Enfields* abholen!

Jetzt wird es speziell. Dazu müssen wir wohl ein bisschen weiter ausholen.

Ich hatte bisher ja noch nichts von unserer bevorzugten Art des Reisens erwähnt.

Versuchen wir es mal so:

Es gibt Leute in Indien, die ihr Geld damit verdienen, Motorräder an Touristen zu verleihen. Einer davon ist *Mr. Rajesh Trehan* vom *Tony Bike Center*. Und dann gibt es Reisende, die in Indien gerne Motorrad fahren würden. Ja, die gibt es wirklich! Zu diesem Schlag Menschen zählen Volker und ich. Ist das nicht eine geniale Symbiose? Ich hatte deshalb *Mr. Trehan* auch schon im Vorfeld per Mail gebeten, uns zwei Stück von seinen 350er *Royal Enfields* zur Verfügung zu stellen. Um die Motorräder abzuholen, müssen wir nach *Karol Bagh*. Der Stadtteil, wo die Motorrad- und Autoläden angesiedelt sind. Weil das nicht gerade um die Ecke ist, nehmen wir uns dafür eine *Motor-Rikscha*. Das sind diese dreirädrigen Taxis, die auch schon mal *Threewheeler* oder *TukTuk* genannt werden. Wer in Delhi eins von den Dingern benötigt, braucht eigentlich nichts anderes tun, als den Arm in Richtung der Straße zu strecken. Noch bevor der Arm schwer wird, hat so ein grün-gelbes Knatterding angehalten. Mit unserer Zieladresse brauchen wir dem Fahrer gar nicht zu kommen.

»Yes, yes, come in, no problem.«

Das sagen sie alle. Hauptsache, die Touristen steigen erst mal ein. Auch wenn ihnen später einfällt, dass sie im Grunde gar nicht wissen, wo wir hin wollen. Deshalb haben wir uns bei der Zielangabe auch erst einmal auf den Stadtteil Karol Bagh beschränkt. Den kennt nämlich jeder Taxifahrer. Er hat den Namen gerade mit einem Leuchten in seinen Augen sauber und deutlich wiederholt und ist auch schon auf der richtigen Straße unterwegs. Ich liebe es, Motor-Riksha zu fahren. Auf kurzen Strecken jedenfalls. Vielleicht deshalb, weil man direkten Kontakt zu seinem Umfeld hat. Mittendrin, statt nur dabei. Ohne Klimaanlage und getönte Scheiben. Dafür mit Hitze und Auspuffabgasen. Klingt ziemlich krank? Ist es auch! Wer aber in Indien Motorrad fahren will, sollte diese Eigenschaft schon mitbringen.

***

Die Royal Enfield.

Eine indische Legende.

Einst aus England kommend, wird die Royal Enfield Bullet seit den 60er Jahren in Chennai (Tamil Nadu) bis heute produziert. Auch wenn sich die Technik im Laufe der Jahrzehnte weiterentwickelt, sieht die Bullet immer noch aus wie ein nagelneu vom Band gelaufener Oldtimer. Egal, ob 350 oder 500 Kubikzentimeter Hubraum als Antriebsaggregat dienen. Das Charakte-

ristische an der Bullet, neben dem zeitlos eleganten Aussehen, ist der unverwechselbare Motorensound. Mit Werbeslogans, wie:
»Separates Man from the Boys« oder
»Made like a Gun«
verkörpert die »Bullet« den indischen Traum von grenzenloser Freiheit.
Wen wundert es da noch, dass auch die Touristen ein bisschen mitträumen wollen.

***

Wir erreichen das Tony Bike-Center, wo Mr. Trehan uns augenblicklich als seine potenzielle Kunden wahrnimmt. Der begrüßt uns freudig und zeigt auf die beiden indischen Klassiker, die uns ab jetzt sofort begleiten, nein tragen werden.
»Your bikes are already prepared« versichert er uns in bestem Englisch und mit einem festen Händedruck. Zum Beweis tritt er den Kickstarter, woraufhin sich der Einzylinder mit seiner Bass-Bariton Stimme auch augenblicklich zu Wort meldet. Jeden Kolbenschlag kannst du da raushören. So niedertourig läuft der Motor bei Leerlaufdrehzahl. Wir lauschen diesem satten Sound, – blicken uns an und haben alle nur einen Gedanken, ohne dass ihn jemand aussprechen müsste.
»Fuck for Harley.« Das ist Indiens Antwort auf »Fat Boy« und »Road King«. Und es klingt satt, voll und einfach nur unendlich geil. Ein Traum geht für mich gerade in Erfüllung. Schon seit Jahren möchte ich mit diesem Klassiker auf Tour gehen. Heute ist es endlich soweit. Ich kann es noch gar nicht recht glauben. Hatte ich mir das alles doch viel schwieriger und umständli-

cher vorgestellt. Die Formalitäten zur Fahrzeugübergabe nehmen dann schon noch einige Zeit in Anspruch, aber am Ende fahren wir vom Hof, um augenblicklich vom Straßenverkehr Neu Delhis geschluckt und mitgerissen zu werden. Der Einzylinder blubbert zwischen meinen Beinen, in den Spiegeln erkenne ich die verwackelten Bilder von den herannahenden LKWs, und in diesem Moment bin ich der glücklichste Mensch auf dem ganzen indischen Subkontinent. Es ist dieses Gefühl absoluter Freiheit, was sich so schwer in Worte fassen lässt und zu meinem Erstaunen auch bei 42°C verlässlich funktioniert. Immer wieder, überall und jederzeit. Das hört nicht auf, und wird auch mit bald 50 Jahren nicht wesentlich schwächer. Wer schon in frühester Jugend mit dem Bikervirus infiziert wurde, kennt dieses Gefühl genau. Von der ersten Minute an fühle ich mich im Sattel wie zu Hause. Wir hatten größten Wert darauf gelegt, ein Modell mit Schaltung links und Bremse rechts zu bekommen. Bei der original indischen Variante sind diese beiden Bedienelemente eigentlich genau seitenverkehrt platziert. Da man in Gefahrensituationen zu instinktivem Handeln neigt, bedeutet das, statt einer Vollbremsung mal kurz und unverzögert den Gang zu wechseln. Damit könnte der erste kritische Moment dann auch schon der letzte gewesen sein. Aber keine Angst! Bei uns ist alles am gewohnten Platz, und gerade haben wir auch schon beide Bremsen erfolgreich ausprobiert. Irgendwann spuckt uns die Blechlawine passend am *Main Bazar* wieder aus. Für heute haben wir genug getan. Die *Royal Enfields* bekommen einen gut gesicherten Hinterhofplatz, während wir jetzt mal an unser leibliches Wohl denken. Zugegeben, auch mit einem gewissen Interesse an der indischen Braukunst. Eine gut besuchte Dachterrasse in der Mitte des *Main Bazars* hat unser Interesse geweckt. Die Dekoration mit kleinen Palmen erzeugt eine relaxte Atmosphäre für die zahlreichen Gäste. Farbige Lampen tauchen das Restaurant in ein sattes, angenehmes Grün. Leichter Wind bringt dazu eine wohltuende Abkühlung an diesem heißen Tag. Wir sind hier im 4. Stock, mit einer hervorragenden Aussicht auf das bunte Treiben unten auf dem *Main Bazar*. Das Essen ist wie erwartet ein Erlebnis für den europäischen Gaumen. Es lässt sich schwer in Worte fassen, was hier die Küche verlässt. Das muss man selbst einmal probiert haben. Dabei geht es nicht um ein »*First Class-Menü*« für den reisenden Gourmet. Die Rede ist hier von einem Blechteller, auf dem verschiedene Currys und Beilagen mit Brot serviert werden. In jeder Hinsicht ein Geschmackserlebnis der besonderen Art. Selbst wenn du es daheim 1:1 nachkochen würdest, schmeckt es nicht so wie hier, mitten in *Neu-Delhi*. Nein, das können wir nicht mal eben zu Hause bei einem »indischen Abend« wiederholen. Dafür musst du schon hierher reisen. Nur hier funktioniert das. Das Bier dazu gibt es in großen Tassen. Eine weit verbreitete Art und Weise, den in Indien eigentlich verpönten Alkohol in die durstigen Travellerkehlen zu bekommen. Aber in erster Linie ist das wohl der gängige Weg, die angeblich teure Alkohollizenz zu umgehen. Bier und Co. finden in der indischen Gesellschaft lange nicht so viel Akzeptanz, wie das bei uns in Europa der Fall ist. Uns ist das heute aber völlig egal. Das erste *Kingfisher Lager Bier* löscht den Durst, das zweite lockert die Muskulatur. Wir sind trotz der langen Anreise mit Klima- und Zeitumstellung hochzufrieden mit unserem ersten Reisetag. Alles lief heute mehr oder weniger nach Plan für uns. Hatten wir doch im Vorfeld mit wesentlich mehr Problemen gerechnet. Indien ist bekannt für seine oftmals zeitraubenden Schwierigkeiten. Schon Morgen werden wir nach Haridwar aufbrechen. Ob dabei auch alles so problemlos ablaufen wird?

2. Wo bitte geht's nach Haridwar?

Ali staunt nicht schlecht, als er unsere mitgebrachten Spanngurte erblickt. Ali ist der junge Mann, der uns seit gestern in allen Lebenslagen hilfreich zur Seite steht. Neben seiner Hauptfunktion als erster Netzwerkadministrator in unserem Guesthouse ist er außerdem ein sehr guter Beobachter und noch besserer Organisator. Darüber hinaus hat er ein Schwäche für Motorräder und wir bei ihm deshalb einen Stein im Brett. Denn als er gestern die beiden Bullets sah, geriet er erst mal ins Schwärmen. Alle Inder sind mächtig stolz auf ihre *»Royal Enfield«*. Man stelle sich die Situation einmal anders herum vor. Zwei Computer-Inder aus Bangalore kommen nach München, um dort mit einer BMW GS 1200 den Süden Deutschlands zu erkunden. Da würde dem bayerischen Regionalpatrioten bestimmt auch ganz warm ums Herz werden. Ali posiert gerade auf meinem Motorrad für ein Foto und strahlt dabei vor lauter Glück über das ganze Gesicht. Unser komplettes Gepäck ist bereits auf den Motorrädern verzurrt. Der Motor ist ebenfalls beim ersten Kick zum Leben erwacht. Jetzt geht's los.

»Haridwar, wir kommen!«

Ja, warum wollen wir eigentlich nach *Haridwar?* Das sollten wir an dieser Stelle mal eingehend erklären.

***

Haridwar ist Austragungsort der *Kumbh Mela* 2010, dem größten, religiösen Fest der ganzen Welt. Sie findet alle zwölf Jahre hier in *Haridwar* statt. Allerdings gibt es noch drei weitere Orte, die zeitversetzt um je drei Jahre ebenfalls eine *Kumbh Mela* abhalten. Hier ein Überblick:

- Allahabad
- Ujjain
- Nasik
- Haridwar

Wer also eine große *Kumbh Mela* besuchen möchte, hat alle drei Jahre die Gelegenheit dazu.

Eine kleine, beziehungsweise halbe, *Kumbh Mela* findet an jedem Ort nach sechs Jahren statt, also exakt zwischen den beiden großen Festen.

Die eigentlichen Festaktivitäten bestehen in der rituellen Waschung an einem heiligen Ort und zu einer günstigen Zeit. Dies geschieht bevorzugt an den sogenannten Hauptbadetagen, an denen eine unglaubliche Anzahl von Menschen teilnimmt. Gleichzeitig finden königliche Prozessionen der Sadhus (die heiligen Männer) statt. So badeten einst in Allahabad geschätzte 30 Millionen Pilger am Zusammenfluss von Ganges und Yamuna.

Wie konnte es dazu kommen? Dazu hier die Hintergründe aus der indischen Mythologie:

Dass Götter und Dämonen nicht besonders gut miteinander auskommen, ist wohl jedermann bekannt. Da machte auch das antike Indien keine Ausnahme. So trug es sich zu, dass der Gott Indra zeitweise seine Macht verlor, während ein Dämon namens Bali an Stärke gewann. Ausgelöst wurde der ganze Schlamassel durch einen Fluch, der auf Indra lastete, weil er irgendwann einmal unvorsichtigerweise ein Geschenk nicht angenommen hatte. Erschwerend kam noch hinzu, dass nicht nur Indra, sondern die gesamte Götterriege schwächelte. Damit geriet das göttliche Machtgebilde schon ganz schön ins Schwanken. Jedenfalls muss das damals eine recht bedrohliche Entwicklung gewesen sein, denn Vishnu, der Erhalter, schaltete sich beratend ein. Und Vishnu ist nicht irgendeiner, sondern einer der großen Drei am indischen Götterhimmel. Sozusagen die erste Liga. Wenn der etwas rät, dann tut man gut daran, sich strikt an diesen sogenannten Rat zu halten. Und zwar ohne Aufschub oder lange Diskussionen. Indra sollte sich jedenfalls den Nektar Amrita (Trank der Unsterblichkeit) besorgen, um wieder auf die Beine zu kommen. Dummerweise waren die Götter aber schon viel zu schwach, um das alleine hinzukriegen. Den Trank konnte man damals ja nicht im Getränkeladen um die Ecke kaufen. Dazu musste in mühevoller Handarbeit der Milchozean durchgequirlt werden. Wie immer das auch ausgesehen haben mag, es muss eine Mordsarbeit gewesen sein. Die Götter ließen sich nämlich dazu mit den Dämonen auf einen Deal ein. Diese sollten dabei fleißig mitquirlen und dafür nach Feierabend einen ordentlichen Schluck Amrita abbekommen. Großes Götter-Ehrenwort! Gesagt, getan. Sie quirlten, was das Zeug hielt, bis sich Dhan Vantari aus dem Meer erhob, in den Händen ein Gefäß (Kumbha) haltend, welches mit dem heiß begehrten Trank gefüllt war. Die Dämonen hielten sich jedoch nicht an die Vereinbarung und wollten den Nektar natürlich für sich allein. Das war eigentlich vorhersehbar. Den Göttern war es aber anscheinend nicht klar. Es folgte ein erbitterter Streit um das Gefäß, bis schließlich Garuda, das Reittier Vishnus, der Zankerei ein Ende machte. Es schnappte sich den gefüllten Humpen und flog auf Nimmerwiedersehen davon. Die Streithähne gingen nach all der harten Arbeit dabei leer aus. Wenn zwei sich streiten, freut sich halt der Dritte. Garuda muss bei seinem starken Abgang noch in Turbulenzen geraten sein. Dabei gingen vier Tropfen des Zaubertranks verloren, die auf genau jene vier Städte fielen, in denen das Fest heute noch gefeiert wird.

12 Tage dauerte der Streit zwischen Dämonen und Göttern.

12 Tage lang verweilten die Götter auf der Erde.

12 Göttertage sind 12 Menschenjahre.

So entstand der 12er-Rhythmus.

Ist das nicht eine geniale Geschichte? Da musst du erst mal drauf kommen.

Die Schlussszene gibt es noch in einer zweiten Version, in der eine Krähe den Dämonen den Trank entriss, und in 12 Tagen zum Himmel flog. Auf dem Weg ruhte sie dann an den vier erwähnten Orten aus. Ich persönlich favorisiere aber den Showdown, mit Garuda in der Hauptrolle.

***

Haridwar liegt etwa 220 Kilometer nördlich von Delhi, und *Google Maps* meint, dafür sollte man ca. 4 Stunden einplanen. Aber ganz so schnell geht es dann doch nicht. *Delhis* Straßenverkehr besteht erst einmal aus einem monströsen Stau, dessen Ende noch nicht mal die indische Götterriege vorhersagen könnte. Im Grunde ist es gar kein richtiger Stau nach unserem Verständnis. Eher vergleichbar mit einem zäh dahinfließenden Lavastrom, ähnlich wie nach einem Vulkanausbruch. Nur, dass hier kein flüssiges Gestein fließt, sondern ein buntes Durcheinander aus Bussen, Autos, sowie Motor- und Fahrradrikschas. Nicht zu vergessen, die Ochsen - und Handkarren. Der Fahrzeugstrom stoppt äußert selten. Sobald der Vordermann zum Hindernis wird, sucht sich jeder nach seinen Möglichkeiten einen Alternativweg. Wir als Motorradfahrer sind da fein raus. Irgendwo geht es immer weiter. Und sei es um irgendwelche Verkaufsstände herum. Es gibt aber noch eine weitere Gemeinsamkeit mit dem besagten Lavastrom. Diese unglaubliche Hitze, die selbst uns alten Saharafahrern mächtig zusetzt. Zugegeben – damals waren wir auch 17 Jahre jünger. Hat das vielleicht auch etwas damit zu tun?

Volker sagt: »Nein!«

»Recht hat er!«

Es dauert Stunden, bis wir die Vororte von Delhi hinter uns lassen. Zwischendurch haben wir uns mehrfach aus den Augen verloren und nur durch unsere Mobiltelefone wieder zueinandergefunden. Jetzt machen sich die beiden indischen SIM-Karten tatsächlich bezahlt. Mit der Orientierung ist das nämlich auch so eine Sache in Indien. Zwar gibt es hier so gut wie keine Verbotsschilder, aber dafür ist man auch äußerst geizig mit Hinweisschildern auf andere Städte. Kommt dann doch mal eins, so trägt es meistens den Namen in Hindi-Schrift.

»Nein, – den kann ich auf die Schnelle nicht entziffern. Auch nicht, wenn ich mir den Ortsnamen vorher als Bild einpräge. Jeder Mensch hat seine Grenze. Das ist meine.«

Überhaupt habe ich die Vermutung, dass das finanzielle Budget von *Neu-Delhis* Straßenmeisterei deutlich geringer ausfällt als das von Bad Salzuflen. Trotz aller Schwierigkeiten finden wir dann doch noch den zunächst scheinbar richtigen Weg. Doch irgendwann verlassen uns die guten Geister, sodass wir nach Süd-Ost abdriften, ohne es zu merken. Nicht sehr vorteilhaft, wenn man eigentlich nach Nord-Osten will.

»Ob wir nach dem Weg gefragt haben?«

»Ja, haben wir!«

Aber auch das ist hier so eine Sache. Acht von zehn Befragten verstehen nicht einmal den Ort, den wir ihnen nennen. Oder sie kennen ihn einfach nicht. Oder sogar beides, was dann aber bei der Sache sowieso keine Rolle mehr spielt. So bleibt nur eine praktikable Alternative übrig. Zu fragen, wo wir uns hier aktuell gerade befinden. Das wissen (fast) alle Inder.

»Excuse me, Sir, what's the name of this beautiful city?«

»*Sikandrabat*«, tönt es uns aus mehreren Kehlen gleichzeitig entgegen. Jetzt kommt der navigationstechnisch komplizierte Teil. Nämlich diesen englisch genuschelten Ortsnamen genau dort auf der Straßenkarte zu finden, wo gerade fünf hilfsbereite, braun gebrannte Hände das Gleiche versuchen. Diesmal hat es geklappt. Wir sind völlig verkehrt hier. Und damit wird auch klar, dass *Haridwar* heute noch ohne uns auskommen muss. Die uns inzwischen umringende

Menschenmenge gibt sich die größte Mühe, uns den Weg zu weisen. Es werden immer mehr. Alte Greise, junge Männer, – nur keine einzige Frau. Sollte man Frauen in Indien lieber nicht nach dem Weg fragen? Uiiih, das könnte jetzt ein heikles Thema werden, was ich nicht weiter vertiefen will. Es sind ja auch gar keine Frauen da, sondern nur Männer. Und sie kennen keinen Abstand. Rücken uns so dicht wie möglich aufs Fell, um nur jeden unserer Handgriffe genauestens zu studieren. Von Volker sehe ich nur noch den Kopf. Der Rest ist von Neugierigen fest umschlossen. Meine Fotokamera löst schlagartig seine Umklammerung. Ich nenne es den Nikon-Effekt. Dieser Trick funktioniert bis runter nach *Kerala* absolut zuverlässig. Während in anderen Kulturen Menschen beim Anblick einer entsicherten Cannon verängstigt das Weite suchen, passiert hier genau das Gegenteil. Fast jeder männliche Inder lässt sich äußerst gerne fotografieren. Als Faustregel gilt: Je jünger, desto lieber. Mit den Möglichkeiten der Digitalfotografie, wo sich Ajit, Kamal, und Mohan nach jedem Schuss auch gleich auf dem Bild wiederfinden, avanciert das natürlich zum Mega-Event des heutigen Tages. Jetzt ist Showtime, meine Herren, und sie bauen sich schon mal alle in Reih und Glied für das »Shooting« auf.

»One more, one more«, auch noch mein Taxi und meine Zuckerrohrpresse. Nein, – jetzt ist Schluss! Auch wenn sie alle ausnahmslos freundlich sind, lässt sich das nicht lange ertragen. Aber schön war's!

Auf dem nun richtigen Weg über *Harpur* stoppen wir für eine kurze Trinkpause bei einer der vielen Ziegeleien am Straßenrand. Inmitten von Unmengen roter Backsteine ragt der Schornstein des Brennofens hoch auf in den Himmel. Rund herum ist sonst nichts weiter zu sehen. Kein Baum, kein Strauch und auch kein Schatten. Das Areal liegt mitten auf dem freien Flachland und direkt in der prallen Sonne. Menschen arbeiten dort drüben in der flimmernden Hitze. Ich kann sie nur schemenhaft erkennen, und ich frage mich, wie lange man diese Arbeit aushalten kann. Wir stillen unseren Durst mit warmem Mineralwasser. Um uns herum liegen Tausende von Kuhfladen zum Trocknen in der Sonne. Sie werden später einmal als Brennmaterial verwendet. Dazu wird Kuhdung mit etwas Stroh vermischt und zu schönen Fladen geformt, erst zum Trocknen abgelegt, dann aufgestapelt und der ganze Stapel dann mit dem gleichen Material von außen verkleidet. Zum Schluss sieht das Ganze wie ein kleines Häuschen aus. Der Dung ist eine der fünf heiligen Gaben, die eine indische Kuh zu bieten hat. Was liegt also für einen gläubigen Hindu da näher, als mit einem Kuhfladen ein heiliges Feuer zu entfachen. Wir haben aber jetzt ganz andere Dinge im Sinn. Die »kleine rote Inderin« (so hatte ich die *Royal Enfield* heute Morgen getauft) möchte nämlich nicht mehr weiterfahren. Wir fangen an zu schrauben, und finden den Fehler auch recht schnell. Eine Sicherung ist durchgebrannt. Volkers Motorrad hat diese Sicherung gar nicht mehr, sondern ist kurzgeschlossen. Na dann … versuchen wir es bei mir halt genauso. Die Inderin dankt es uns mit einem satten Motorengeräusch nach dem ersten Kick. Was lernen wir daraus: Es ist immer von Vorteil, wenn man mit zwei baugleichen Fahrzeugen unterwegs ist. Gegen halb 6 am Abend erreichen wir *Meerut*. Unser Reiseführer hat zu diesem Ort nicht den geringsten Rat auf Lager. Und das, obwohl die Stadt angeblich mehr als eine Million Einwohner hat. Uns bleibt nur die Möglichkeit, nach einer Unterkunft zu fragen. Das klappt auch auf Anhieb und war bestimmt ein ordentlicher Nebenverdienst für unseren hilfsbereiten Führer. *Meerut* ist alles andere als ein touristischer Ort. Als wir am Nachmittag nach dem Weg hierher fragten, ernteten wir nur verständnislose Blicke und die prompte Antwort:

»Meerut, – what's there?«

Trotz alledem, – wir haben eine Bleibe, sind frisch geduscht, und kurz davor ein ordentliches Abendessen zu bekommen. Aber zunächst wird es erst mal stockdunkel, weil das Stromnetz zusammenbricht. Nach und nach wird hier und da die Notbeleuchtung zum Leben erweckt. Stets begleitet von dem lautstarken Motorengeräusch der Aggregate. Wir können dabei eine gewisse Routine erkennen. Das scheint hier offensichtlich an der Tagesordnung zu sein. Die Restaurants sind die Ersten, die wieder mit Strom aufwarten können. Im Schnellrestaurant herrscht reges Treiben. Vom Kellner bis zum Küchenpersonal scheint alles bestens organisiert zu sein. Das Transparent am Eingang verspricht chinesische und südindische Küche. Bei uns gibt es 2 x Thali, was so viel wie bunte Platte bedeutet. Oft mit Brot zusammen gereichte Köstlichkeiten in kleinen Näpfen. Da hätten wir scharfes Gemüse, Tofu in würziger Soße, Dahl, das klassische Linsengericht, und etwas Joghurt gegen die Schärfe. Ein absoluter Hochgenuss auf einem Blechteller serviert. Wir sind begeistert. Einen kleinen Haken gibt es aber dann doch noch. Denn wie in fast allen indischen Restaurants üblich, kommt auch hier die Getränkekarte allein mit Tee, Wasser und Limonade aus. Nicht dass ich hier falsch verstanden werde. Uns steht hier nicht der Sinn nach einer ausgedehnten Zechtour. Wir möchten einfach nur ein kühles blondes trinken, weil es für uns deutsche

Jungs der beste Durstlöscher ist. Wir haben es ja bereits mit Alternativen probiert. Aber auch nach der dritten eiskalten Cola wollte das ostwestfälische Hirn partout keine Glückshormone ausschütten. Es ist also nicht so, dass wir uns keine Mühe geben würden. Glücklicherweise gibt es ja diese netten, klimatisierten Hotelbars mit bequemen Sesseln und zuvorkommenden Kellnern. Ich persönlich würde ja lieber am Straßenstand um die Ecke ein kaltes »*Kingfisher*« zischen. So läuft das hier aber in »*Good old India*« nicht. Dazu muss man sich schon in die passende Lokalität begeben. Wir haben Glück. Wie der Zufall es will, hat das Hotel um die Ecke genau diese beschriebene Bar in der ersten Etage. Durch die geöffnete Pendeltür überströmt uns ein Schwall aus kalter Luft. Alle Tische sind schön mit weißen Tischdecken belegt, und auf der Großleinwand läuft das aktuelle Cricketmatch. Der Sport, den ich trotz aller Bemühungen bis heute noch nicht verstanden habe. Heute treten die »*Mumbai Indians*« gegen die »*Rajasthan Royals*« an. Auch nach zwei *Kingfishern* und einer ordentlichen Portion Erdnüsse haben weder Volker noch ich neue Erkenntnisse dazugewinnen können. Aber gut geht's uns, obwohl der Tag anstrengend war. *Haridwar* sei auf der Hut. Morgen machen wir ernst.

3. Kumbh Mela

Das mit dem Frühstück ist so eine Sache in Indien. Gestern noch ein Argument für den saftigen Zimmerpreis, ist es heute Morgen eher eine unangenehme Nebensächlichkeit für das junge, dynamische Hotelteam. Erst einmal wird der junge Bursche von gestern Abend aus seinen Träumen gerissen, weil außer ihm niemand auch nur ein einziges Wort Englisch versteht. Er nuschelt dann etwas von Eiern, die ich dann gern gescramblet, also als Rührei, hätte. Wir packen derweil unsere sieben Sachen und warten auf die Dinge, die da hoffentlich kommen mögen. Es kommt aber leider nichts. Fragen wir doch mal nach, wo das Ganze serviert werden soll. Ach so, – auf dem Zimmer. Dauert noch, – wir sollen warten. OK, – machen wir. Die verstreichende Zeit nutzen wir, um das Gepäck schon mal aufzuschnallen und den Ölstand zu checken. Obwohl es danach im ganzen Haus immer noch nicht nach Rührei riecht, passiert nun doch endlich etwas. Denn wir fahren jetzt ab. Es ist schon zu offensichtlich, dass sich das Hotelpersonal kollektiv aus dem Staub gemacht hat. Die haben bei diesen Sachen einfach mehr Ausdauer als Volker und ich.

»India: Ten Points.«

Hier gibt es für uns nichts mehr zu holen. Vielleicht ist es ja auch besser so. Zunächst gilt es aber erst einmal, der kleinen Inderin etwas Mehrbereichsöl zu besorgen. Vorhin beim Ölcheck war sie doch recht trocken unten herum. Genauer gesagt: »Absolut trocken.« Dabei hat sich auch gleich der Ölmessstab in seine Einzelteile zerlegt. Um ein Haar hätte sich der Metallstab aus seinem Plastik-Schraubdeckel verabschiedet und wäre für immer in den Tiefen vom Motorgehäuse verschwunden. Seitdem befindet er sich in meinem Portemonnaie, damit er im Motor keine Verwirrung stiften kann. Einen ganzen Liter Öl verlangt der Bolide aus *Chennai*. Hoffentlich hat er sich das nicht alles auf den ersten hundert Kilometern reingezogen. Nein, kann normalerweise nicht sein. Dann hätte ich gestern sicherlich eine schwarze Rauchfahne hinter mir hergezogen. Auf gut ausgebauten Straßen kommen wir am heutigen Vormittag zügig voran. Wir überholen viele Pilgerbusse, auf deren Dächern bis zu 30 Leute mitfahren. Volker hatte gelesen, dass allein *New Delhi* ca. 12.000 Sonderbusse für die *Kumbh Mela* einsetzt. Bei dem aktuellen Straßenbild erscheint mir das absolut glaubhaft. Die vierspurige Straße wird von Bussen dominiert. War da nicht etwas, an das wir uns erinnern wollten? Fast hätten wir das noch ausstehende Frühstück vergessen. Dazu pausieren wir an einer dieser netten Raststätten. Diese hier hat sogar einen kleinen Brunnen mit Waschplatz, was die Besucherzahlen augenscheinlich positiv beeinflusst. Viele Pilger nutzen die Gelegenheit, um sich hier frisch zu machen. Die restliche Ausstattung entspricht dem, was hier auch alle anderen Fressbuden am Straßenrand zu bieten haben. Neben kleinen Tischen mit Plastikbestuhlung bildet die gemauerte Kochzone das Herzstück dieser Raststätte. Hier gibt es allerlei Interessantes zu entdecken. Erst einmal wird natürlich Tee getrunken. Mit einem indischen Chai kann man nie etwas verkehrt machen. Aber der Magen verlangt nach mehr. Grund genug, einen Blick in die Blechtöpfe zu werfen, in denen allerlei für uns Unbekanntes vor sich hin kocht. Was wir aber sehr wohl kennen und nebenbei gesagt auch schätzen, das ist der gemauerte Tonofen. Hier wird frisches Fladenbrot gebacken, indem der Teig an die Innenseite des Backraumes gedrückt wird. Schon nach wenigen Minuten kann der frische Fladen mit einem Metallhaken herausgenommen werden. Mit etwas Knoblauch wird daraus jetzt »*Garlic Nan*«. Und weil Brot letztlich nur eine Beilage darstellt, haben wir uns mit dem Chef der Küche auf eine Gemüse-Tofu-Pfanne geeinigt. Hatte ich schon etwas über das indische Essen gesagt? Wieder einmal etwas ganz Einfaches, was richtig geschmackvoll ist.

Frisch gestärkt und guter Dinge nehmen wir Kurs nach Norden. In *MuzaffarNagar* verliere ich meinen Kickstarter. Die Vibrationen des Einzylinders sind ein natürlicher Feind aller geschraubten Verbindungen. Erst recht, wenn diese aus indischer Produktion stammen. Glücklicherweise passiert es nicht in voller Fahrt, sondern beim Anfahren. So signalisiert uns das klingelnde Geräusch von Metall auf Teer, dass wir hier mal besser einen Fahrzeugcheck durchführen sollten. Der freundliche Eisenwarenhändler leiht uns sogar noch einen Maulschlüssel, damit wir nicht unser eigenes Werkzeug auspacken müssen. Auch hier sind die Menschen wieder einmal freundlich und hilfsbereit. Diese Erfahrung haben wir auf dem Weg fast überall gemacht. Die Straße wird nun schmaler, und der Pilgerverkehr immer dichter. Besonders weit kommen wir aber erst gar nicht. Volker hat ein plattes Vorderrad. Diese unfreiwilligen Pausen kosten uns zwar jedes Mal etwas Zeit, bringen uns aber andererseits auch fast jedes Mal neue Erkenntnisse. Heute bekommen wir eine indische Präsentation, wie man den Reifen flickt, ohne dabei das Rad auszubauen. Nach einer guten halben Stunde sitzen wir wieder im Sattel. Aber an Fahren im eigentlichen Sinne ist gar nicht mehr zu denken. Eine Zeit lang bewegen wir uns noch im »Stop and Go«, und irgendwann passiert dann das, was schon lange zu befürchten war. In unserer Fahrtrichtung steht alles dicht an dicht und nichts rührt sich mehr. Es gibt auch keinen Gegenverkehr mehr, weil unser Fahrzeugstrom schon Kilometer zuvor die volle Breite beider Fahrspuren eingenommen hatte. Alle, die hier auf der Straße sind, wollen nach *Haridwar*. Anfangs zwängen wir uns noch seitlich an der Kolonne vorbei, erkennen aber recht schnell, dass es völlig nutzlos ist. Am Straßenrand wächst Marihuana wie Unkraut. Einzelne Reisende bedienen sich, indem sie ganze Pflanzen ausreißen und mitnehmen. Die Hitze zwingt uns unter einen Baum abseits der Straße. Auffällig ist der Gleichmut, mit dem die Reisenden dieser Situation begegnen. Manche Fahrzeuge scheinen schon Tage unterwegs zu sein. Einige Pilger reisen mit einem kleinen LKW, dessen Ladefläche wie ein behelfsmäßiger Schlafsaal eingerichtet ist. Weniger komfortabel verläuft die Reise auf dem Dachgepäckträger eines Reisebusses. Zwanzig Männer mit roten Turbanen sitzen seit Stunden dort oben in der prallen Sonne, ohne mit der Wimper zu zucken. Dieses Mal dauert es eine geschlagene Stunde, bis sich die Lawine aus Blech, Rost und Menschen wieder zäh in Bewegung setzt. Mit Motorradfahren hat das nichts mehr zu tun. Das ist einfach nur »Straßenverkehrs-Hardcore«. Bestehend aus Hitze, Dreck, Abgasen und viel zu vielen Menschen, die in die gleiche Richtung wollen. Doch man gewöhnt sich an alles. Mit viel Geduld, die wir uns inzwischen bei den Indern abgeguckt haben, kommen wir heute doch noch ans Ziel. Fast minutengenau zum Sonnenuntergang passieren wir die Stadtgrenze von *Haridwar*. Busse werden schon zuvor umgeleitet. Wir dürfen die Polizeisperre passieren, um in die Stadt hineinzufahren. Die schmalen Straßen und Gassen sind überfüllt mit Menschen, die es im Slalom zu umfahren gilt. Wir schwimmen mit der Menschenmenge im Schritttempo mit, begleitet von Hupenlärm, Geschiebe und Rempeleien. Noch haben wir keinen blassen Schimmer, wo wir hier genau sind, geschweige denn, wo wir unterkommen können.

»This is Haridwar«, meint der freundliche Mann, den wir gerade um Rat gefragt haben. Vermutlich stehen uns die Strapazen des heutigen Tages ins Gesicht geschrieben. Warum sonst sollte er uns für so dämlich halten? Natürlich wissen wir, dass das hier *Haridwar* ist. Wir wissen auch, dass *Haridwar* normalerweise knapp 200.000 Einwohner hat. Jetzt aber muss der Ort sich mit mehreren Millionen Menschen arrangieren. Das ist Ausnahmezustand. Trotzdem versucht unser Gegenüber, uns zu helfen. Er macht einen gebildeten und gepflegten Eindruck. Seine *Kurta*, das traditionell von Männern getragene Langhemd ist blütenweiß sauber, sein Englisch bestens verständlich und sein Wille ungebrochen, uns irgendwo unterzukriegen. Wir sehen neben ihm wie zwei dahergelaufene, mit Straßendreck überzogene Obdachlose aus. In gewisser Weise trifft das den Nagel sogar auf den Kopf, weil wir noch immer keine Bleibe gefunden haben. Ein Zeltlager, wo wir unser kleines Zelt aufbauen können, wäre jetzt genau das Richtige. Sein Gesicht erhellt sich etwas, als er mitbekommt, dass wir auch im Freien campieren würden. Zu erwarten, dass es hier in der Stadt noch freie Zimmer gibt, wäre nun wahrhaftig mehr als blauäugig. Mit einem skeptischen Blick weist er uns dann schließlich den Weg zu einem sogenannten *Tented Camp*, nicht ohne darauf hinzuweisen, dass dort eigentlich *Sahdu People* campieren. Das ist aber inzwischen ganz egal. Denn es ist bereits stockdunkel geworden, und der permanent vorbeiziehende Menschenstrom umschließt uns so fest, dass wir kaum noch weiterfahren können. Einige Stops später rollen die beiden *Enfields* durch ein fröhlich blinkend beleuchtetes Tor, hinter dem sich Unmengen von großen, weißen Leinenzelten aneinanderreihen. Wir sind inzwischen fest entschlossen, hier irgendwo unterzukriechen und hoffen jetzt eigentlich nur noch auf die passende Gelegenheit. Genau diese fährt gerade auf einer weiteren *Royal Enfield* durch das Tor. Wie es der Zufall so will, ist der bärtige Fahrer die rechte Hand vom *Baba*. Nicht von irgendeinem *Baba*, sondern dem, der das Camp unterhält und folgerichtig hier das Sagen hat. Er will ihn mal fragen, ob wir bleiben können, und wir sollen die Motorräder schon mal da hinten vor seinem Zelt abstellen.

»Germany, – 10 Points«.

Das klingt mehr als vielversprechend. Die Motorräder sind geparkt. Wir sitzen im Sattel und warten. Die Minuten vergehen, ohne dass irgendetwas Aufregendes passiert. Das werten wir durchaus als gutes Zeichen. Die versammelte Pilgerschar hat uns inzwischen registriert, und bisher will uns niemand fortschicken. Dabei hätte ich bei dem spartanischen Platzangebot dafür durchaus Verständnis. Aber nichts dergleichen passiert. In Gegenteil, – ein junger glatzköpfiger Mann mit ruhiger Stimme und wachen Augen bittet uns an seine Feuerstelle.

***

Sadhus, die heiligen Männer Indiens.

Sadhus, die auch Babas genannt werden, sind bekannt als die heiligen Männer des Hinduismus. Sie leben als Bettelmönche und praktizieren einen asketischen Lebensstil. Stellt sich die Frage nach dem Warum und Wieso. Antwort: »Sadhus möchten nur das eine, – Erleuchtung erlangen!« Die Welt an sich wird von ihnen nur als Schein und Trug angesehen. Nebenbei gesagt, würde mir diese Betrachtungsweise auch manchmal weiterhelfen. Genau dieser Welt versuchen die heiligen Männer daher zu entsagen. Sie lehnen sogenannte weltliche Dinge strikt ab. Dazu gehörten beispielsweise persönlicher Besitz und Reichtum. Auch menschliche Bindungen stehen nicht auf dem Wunschzettel eines Sadhus. Dieser Verzicht (Askese) soll den Weg in die göttliche Wirklichkeit ebnen. Viele Sadhus sind Anhänger von Shiva. Sie zeigen ihre Gesinnung auch dadurch an, dass sie das mythologische Aussehen ihres Idols kopieren. Oft tragen sie drei Aschestreifen auf der Stirn. Diese symbolisieren das Auslöschen der drei Unreinheiten. Einige von ihnen tragen als Waffe einen Dreizack. Manche auch die zweifellige Trommel. Es existieren sogar Geschichten, bei denen sich zwei rivalisierende Sadhu-Orden mit solchen Dreizacks gegenseitig bekämpft haben. Dabei ging es dann um so wichtige Streitpunkte wie: »Wer darf bei einer Kumbh Mela zuerst im Ganges baden?« Aber im Grunde sind es ganz friedliche Menschen. Zu Beginn ihres neuen Lebens schließen sich die Babas einem Guru an. Zum Zeichen der Guru-Treue wird ihnen der Kopf kahl geschoren. Das ist der Startschuss für die ewige Pilgerfahrt, auf der sich ein heiliger Mann ab nun befindet. Er zieht durch das Land und stoppt bevorzugt an Orten, wo Shiva verehrt wird. Dazu zählen unter anderem *Rishikesh und Varanasi*. Diese Sadhus halten sich aber nie lange an einem Ort auf. Nach ihrem Glauben hält die Bewegung sowohl Körper als auch Geist wach. Es gibt aber auch andere Gruppierungen, die Gemeinschaften bilden und in Ashrams leben. Manche ganz Hartgesottenen wohnen sogar in Höhlen. Wie jeder Einzelne genau lebt, ist von den Inhalten des Gelübdes abhängig, was er gegenüber seinem Guru abgelegt hat. Das kann von Heimatlosigkeit über sexuelle Enthaltsamkeit bis hin zur völligen Bedürfnislosigkeit gehen. Nicht wenige Sadhus leben in völliger Nacktheit. Während dieser nicht endenden Pilgerreise werden die Haare nicht mehr geschnitten, was zwangsläufig dazu führt, dass sie völlig verfilzen. Babas wickeln sich das Haar um den Kopf und befestigen es mit einem Tuch. Viele der heiligen Männer rauchen Gras oder Haschisch. Shiva schuf und rauchte diese Pflanze angeblich zum Zweck der Meditation. Generell greift die indische Regierung bei Rauschgiftdelikten hart durch. Auch für Haschischbesitz gibt es strenge Strafen. Bei den Babas wird der Konsum wegen der »religiösen Notwendigkeit« jedoch toleriert. Ob diese Sonderregelung eine Entscheidung, »Sadhu zu werden«, positiv beeinflusst, ist bisher nicht nachgewiesen – aber auch nicht widerlegt worden.

***

Wir werden begrüßt und bekommen erst mal die üblichen Fragen gestellt.

»Aus Deutschland, aha?«

»Und die Motorräder?«

»Ach so, die habt ihr euch in Delhi besorgt«.

Genau das ist die Vorbereitung zu der Frage, die im Verlauf einer Unterhaltung immer kommt. Egal, wo du gerade angekommen bist. Ob Großstadt oder Provinzkaff. Vom tiefsten Afrika bis hin auf die letzte philippinische Insel. Man kann sie förmlich kommen sehen, und ich bereite mich gedanklich schon mal auf eine möglichst unverfängliche Antwort vor.

»Wie teuer ist so eine *Royal Enfield* denn in Delhi?«

Zack, – da ist sie. Die ewige Frage nach dem Geld, die ich doch so ungern wahrheitsgemäß beantworte. Warum? Die Antwort darauf ist denkbar einfach. Antwortest du den Tatsachen entsprechend, was in unserem Falle 550 Rupees pro Tag und Bike wären, bekommst du zwangsläufig den Stempel »Reicher Tourist« aufgedrückt. Jeder Inder kann das in Sekundenschnelle auf zwei Wochen hochrechnen, wobei er dann auf eine Summe kommt, die nur unweit von so manchem indischen Monatsgehalt liegt. Dieser frische Stempel kann Unterhaltungen massiv beeinflussen. Und das in einer Richtung die ich überhaupt nicht leiden kann. Auf der anderen Seite will ich aber auch niemanden anlügen. Auch nicht im Notfall.

»Das können wir noch gar nicht genau sagen«, antworte ich wie aus der Pistole geschossen. »Wir haben die beiden Maschinen nämlich in Delhi gekauft, und werden sie nach unserer Tour weiter verkaufen.«

Und das entspricht tatsächlich der Wahrheit. Wir haben im Rucksack einen gültigen Vertrag, der uns als Besitzer der Motorräder ausweist. Zugegeben, – bei dem entrichteten Kaufpreis runde ich äußerst großzügig ab. Aber das ist in der Tat so geregelt, weil Motorräder im Grunde nicht an Ausländer vermietet werden dürfen. Den zweiten Vertrag, der den garantierten Rückkauf regelt, erwähnen wir der Einfachheit halber nicht. Das Gespräch mit unserem Gastgeber bleibt aber nicht bei diesen Oberflächlichkeiten. Er ist ein wohlgenährter Mann, Mitte 30, mit frisch rasierter Glatze und wachen Augen. Sein Englisch ist exzellent, was in der folgenden Unterhaltung, mehr als nur »Small Talk« zulässt. Außerdem ist unser Gegenüber recht gut über deutsche Gegebenheiten informiert. Der Name *»Angela Merkel«* kommt ihm wie selbstverständlich über die Lippen. Ob es in Deutschland auch eine *Kumbh Mela* gäbe, will er wissen. Was für eine Frage! Mir fällt spontan der Kirchentag ein, was ihn aber nur mittelmäßig beeindruckt. Damit ist das Thema aber dann auch schon vom Tisch.

Inzwischen rücken immer mehr Gestalten an das Feuer heran, um unserer Unterhaltung zu folgen. Kein leichter Job für *Baba*, da er ständig in Dutzende erwartungsvolle Augen blickt, die um eine Übersetzung unseres letzten Statements bitten. Ein heiliger Kuhfladen wird zerbrochen und auf das Feuer gelegt, um Tee zu kochen. Das Feuer ist heilig, so die erste Lektion des Abends für uns Ungläubige. Die Füße werden nie in Richtung Feuer gestreckt, und noch viel wichtiger, – Finger weg von der Feuerstelle. Das dürfen nur ausgewählte Leute. Die zweite Lektion lernen wir sofort, nachdem die Teebecher geleert sind.

»Was du nicht mehr brauchst, schmeißt du einfach hinter Dich.«

»Wie bitte?«

»Können wir das denn nicht auf einem Haufen sammeln?«

»Nein, schmeiß es weg«, basta!

So langsam dämmert mir, warum entlang der Landstraßen alles mit Müll übersät ist. Aber *Baba* hat gesprochen. Also ab nach hinten, vor das nächste Zelt, oder sonst wohin, wo andere Pilgerkollegen darüber stolpern.

Ein junger Bursche hockt sich neben mich. Er ist splitternackt, hat sich aber ordentlich mit Asche eingerieben. Und zwar von oben bis unten. Mit einer dieser indischen Minizigaretten im Mundwinkel blickt er mich an und fragt:

»Have fire?«

»No my friend, – I'm sorry«, aber frag doch mal die drei Mädels da drüben. Die hocken mit ihren roten Gewändern schon geraume Zeit in dezentem Abstand zu uns, aber immer noch nah genug, um alles von diesen beiden, geheimnisvollen Weißen mitzubekommen. Sie ziehen sich gerade ein Chillum von der Kategorie Ofenrohr rein.

»Rajasthan«, meint *Baba* beiläufig, weil er wohl bemerkt, dass ich die Drei eingehend mustere. Es sind junge Frauen in alten Körpern. Schwer zu sagen, woran man das erkennt. Die flinken Bewegungen, und die lachenden Augen verraten wohl ihr wahres, noch junges Alter. Aber Sonne und Arbeit hat alles andere alt werden lassen. Die Haut ist nahezu schwarz und von tiefen Furchen durchzogen. Die Füße geschunden vom barfuß Laufen und die Hände stark und rau von Arbeit. Und dann urplötzlich kommen sie blitzschnell aus der Hocke hoch, als wenn es das Einfachste auf der Welt wäre. Schon sind sie hinter dem nächsten Zelt verschwunden.

So langsam denken wir ans Schlafen. Die Gelegenheit ist günstig, weil nicht mehr all zu viele Mitstreiter über unsere Isomatten stolpern. Am heutigen Abend kriechen wir mit dem Gefühl in die Leinentücher, wohlbehütet auf einem fremden Planeten gelandet zu sein. Als ich auf dem Rücken liegend in die Sterne blicke, sehe ich mich selbst als winzigen, kleinen Punkt auf dem Globus, inmitten dieser völlig fremden Umgebung. Trotz alledem bin ich glücklich darüber, hier zu sein. Glücklich deshalb, weil sich meine Erwartungen in diese »Ach so fremde Welt« bisher bestätigt haben.

Als ich 2007 erstmals einen Bericht von der *Kumbh Mela* sah, wurde spontan meine Neugierde geweckt. In einem Anfall von Reiselust und Faszination verkündete ich fortan allen Freunden, 2010 nach *Haridwar* fahren zu wollen. Aber anstatt des erwarteten Zuspruchs erntete ich fast durchweg verständnislose Blicke. Diejenigen, die mich sowieso schon als Spinner einordneten, fühlten sich bestätigt, während der andere Teil alle erdenklichen Probleme, Unannehmlichkeiten und Gefahren warnend dagegen hielt. Zu dem Zeitpunkt wollte ich aber nicht mehr zurück. Im Gegenteil – jetzt erst recht. Nicht als Trotzreaktion, sondern mit dem sicheren Gefühl, dass man auf der ganzen Welt mit anderen Menschen kommunizieren, und etwas voneinander lernen kann. Die Neugierde auf etwas völlig Neues trieb mich dabei an. Ich glaubte all den Pessimisten und Besserwissern kein einziges Wort. Hier und jetzt wird mir klar, dass ich richtig gelegen habe.

»Gut gemacht«, sagt meine innere Stimme. Was will man nach einem solchen Tag noch mehr? Vielleicht, dass die inzwischen auch einschlafende Pilgerschar aufhört zu husten. Wirklich jeder Zweite scheint hier massive Lungenprobleme zu haben.

»Dat iis ja hier wie auffe Tuberkolosestation«, spricht Volker in originalem Bochumer Pütt-Slang das heutige Schlusswort. Recht hat er. Das heilige Feuer hinterlässt halt seine Spuren.

Das Gute an geschenktem Essen ist, dass es die ehrlich gemeinte Gastfreundschaft unterstreicht und obendrein nichts kostet. Das Schlechte daran ist, dass man nicht genau weiß, wo es herkommt und wie es zubereitet wurde. Im Morgengrauen finde ich mich an dieser endlos langen Blechwand wieder, wo ich in gebückter Haltung gerade meinen Magen komplett entleere. Kein guter Start in den Tag des »Royal Main Bath«, an dem heute Menschenmassen im heiligen Ganges baden werden. Gleich anschließend wird mir noch das zweifelhafte Vergnügen zuteil, das allseits (un)beliebte Toilettengrundstück zu besuchen. In Wirklichkeit ein ummauertes Areal mit einer Kantenlänge von etwa 80 Metern, in dem Schweine gehalten werden. Es hinterlässt bei mir die Erkenntnis, dass man auch im hohen Alter immer noch Neues entdecken kann, – auch wenn es in diesen Fall nicht gerade angenehm ist. Bevor die Sonne zu stark wird, brechen wir zu einem Rundgang auf. Gestern Abend war von der anderen Uferseite bis spät in die Nacht ein lauter Sing-Sang zu hören. Überhaupt geht hier alles sehr laut vonstatten. *Baba* hat an seinem Zelt erst einmal vier stattliche Megafonlautsprecher festgebunden, mit denen er schon vor Sonnenaufgang die erste Predigt nebst nervtötendem Glockengebimmel über seine Pilgerschar schallt. Die 30-minütige Tortur konnte ich vorhin nur mit Ohrenstöpseln ertragen. Die Inder jedoch scheinen dabei völlig schmerzfrei zu sein.

Schnell werden wir eins mit dem dahinfließenden Menschenstrom. Viele waschen ihre Wäsche im Ganges, baden, oder lassen Blüten auf dem Wasser schwimmen. Letzteres mit einer schier unermüdlichen Ausdauer. Von der Seite her mischen sich nun Fahrzeuge in die Menge, auf denen die heiligen Männer thronen. Immer mehr werden es, und entsprechend aufgebracht ist die den Jeeps und Lkws hinterher laufende Menschenmenge. Die Menschen beten diese Männer mit einer für uns nicht nachvollziehbaren Leidenschaft an. Einige versuchen das locker herunterhängende Bein ihres Idols zu ergreifen, um es zu küssen. Sie tun dies mit einer Mischung aus Inbrunst und Genugtuung, die auf uns ebenso beeindruckend wie unverständlich wirkt. Die Szenen sind authentisch. Das ist hier keine künstlerische Vorführung, die zur Unterhaltung dient. Das ist real praktizierte Ausübung einer Religion. Eines Glaubens, den zu verstehen wir Lichtjahre entfernt sind. Aber man spürt die Energie, die Kräfte, die dabei freigesetzt werden, und die Hingabe der Pilger, die keinen Platz für ein »wenn« und »aber« lässt. Wir sind schwer beeindruckt, auch wenn wir die Glücksgefühle für das Küssen von alten Männerfüßen nicht teilen wollen. Niemand beachtet uns mehr. Vorhin waren wir noch auffällige Fremdlinge. Jetzt sind wir einfach nur Luft. An dieser Stelle verlassen wir den Festzug, der noch weitere sechs Kilometer durch die glühende Hitze stromaufwärts ziehen wird. Schon jetzt kommen wir mit dem Trinken kaum noch nach. Außerdem haben wir keinen offiziellen *Kumbh Mela-Ausweis*. Ja, so etwas gibt es tatsächlich. Mit Lichtbild und Stempel, eingeschweißt im Scheckkartenformat. Man versucht wohlmöglich damit, die Massen nicht zu groß werden zu lassen. Heute werden hier nach offiziellen Angaben rund 7 Millionen Menschen im Ganges baden.

Meine Magenprobleme wecken in mir den Wunsch, eine horizontale Position einzunehmen. Doch wie so oft kommt es erst einmal ganz anders. Wir sind gerade eingeladen worden. Und zwar nicht irgendwo, sondern beim Chef vom Camp, dem ranghöchsten *Baba* des Platzes. Derjenige, der hier die Fäden zieht, oder besser gesagt, ziehen lässt und die Rechnungen zahlt. Unser Kumpel mit der *Royal Enfield* hat gerade die Nachricht seines Meisters an uns überbracht und keinen Zweifel daran gelassen, dass eine Absage nicht infrage kommt. Auch nicht mit einem kleinen Verdauungsproblem.

»Das kriegen wir schon wieder hin«, meinte er zuversichtlich.

Das Areal um *Babas* Feuerstelle ist großzügig mit Bastmatten ausgelegt, auf dem auch schon einige Gäste Platz genommen haben. *Baba* selbst sitzt derweil im Schneidersitz auf seinem Podest, unmittelbar vor dem gemauerten, quadratischen Loch, in dem das heilige Feuer heute recht kläglich vor sich hin glimmt. Er ist gerade dabei, Blüten in akribischer Ordnung rund um das Feuer zu platzieren. Das braucht seine Zeit. Seine Feuerstelle ist groß. Da musste der ortsansässige Florist schon einen ordentlichen Strauß zusammenstellen. Ich schätze unseren Gastgeber etwa auf mein Alter – also Ende 40. Mit der morgendlichen Auswahl seiner Bekleidung hat er es wohl recht leicht gehabt. Ein Lendenschutz, elegant um die Hüften geschwungen, ist alles, was er trägt. Nein, stimmt nicht ganz. Ein um den Kopf geschlungenes Tuch versucht die gewaltige Haarpracht vor den Einflüssen der Schwerkraft zu schützen. Sadhus schneiden sich keine Haare mehr. Die Kopfhaare sind verfilzt, zu kleinen Zöpfen vereinzelt und dann immer rund um den Kopf gewickelt. Das Tuch hält dann die ganze Pracht, die sonst sicherlich bis auf den Boden reichen würde. Der restliche Körper ist dezent mit heller Asche eingerieben, was seinem Gesichtsausdruck etwas sehr Ernstes verleiht. Seine Augen sind rot-gelblich unterlaufen. Für einen Internisten wäre das ein Grund, mal etwas genauer hinzusehen. Für *Baba* ist es schlichtweg ein Kapital. Er kann dir damit Blicke zuwerfen, die dich binnen Sekunden erstarren lassen. Nein, das ist kein leeres Gerede, und es liegt auch nicht nur an der Farbe seiner Augen. Dieser Mann lässt in seiner Art von Kommunikation, Mimik und Gestik keinen Zweifel daran, wer hier das Sagen – oder besser gesagt, die Macht hat. Er kann es ich leisten, voller Güte händeweise Nussmischungen unter die Gäste zu verteilen. Diese kleinen Leckereien torpedieren schon seit geraumer Zeit meinen wehrlosen Magen. Gerade war es süßer Safrankuchen, und jetzt haben wir irgendwelchen Glibber im Bananenblatt. Nicht zu vergessen natürlich das Chillum, was oft seine Runde macht. Und genau das ist im Wesentlichen auch für die gute Stimmung verantwortlich, die inzwischen unter den gut 20 Gästen herrscht. Alle sind gut drauf – nur mir ist hundeelend. Volker wirft mir schon seit geraumer Zeit kontrollierende Blicke zu. Er hat vermutlich Angst, ich könnte die Veranstaltung durch plötzliches Erbrechen auflösen. Aber ich halte tapfer durch. Auch wenn der Glibber im Bananenblatt so langsam meine Hosentasche durchfeuchtet. Vorne am Tor verteilen *Babas* Helfer noch Speisen an Menschen, die nicht an das

Feuer eingeladen sind. Dort geht es schon etwas emotioneller zur Sache, wenn fünfzig ausgestreckte Hände im Wettstreit um etwas Essen bitten. Es müssen unglaubliche Mengen sein, die hier jeden Tag verteilt werden. Eine Speise reiht sich an die nächste. Später werden wir erfahren, dass *Babas* monatliches *Kumbh Mela Essenbudget* angeblich 60.000 US-Dollar beträgt. Aber so eine Zahl ist schnell dahingesagt, dagegen schwer zu überprüfen. Ich halte die Summe auch nicht für das Maß aller Dinge. Wir haben heute gesehen, wie den Menschen gegeben wird. Nicht nur hier und da ein bisschen, sondern mehr oder weniger den ganzen Tag. Das ist es, was zählt. Warum sollten wir also am Ende nachrechnen? Entgegen der Versprechung unseres Freundes konnten wir meine Verdauung nicht besänftigen. Das sage ich ihm aber nicht, sonst muss ich am Ende doch noch den Glibber in meiner Hosentasche aufessen. Ich bin reif für die Isomatte.

Selbst hier, unter dem Sonnenschutz aus Leinentuch, habe ich das Gefühl, in der prallen Sonne zu liegen. Es geht kein Lüftchen, während das Thermometer längst die 40°C-Marke passiert hat. Nach einer weiteren Stunde ohne Zustandsbesserung gebe ich mich geschlagen.

»Volker, wir brauchen eine Abkühlung«, höre ich mich selber sagen.

Die gibt es hier nur auf eine Art und Weise. Durch ein Bad im Ganges. Wir denken nun auch nicht mehr lange darüber nach und genießen dieses herrlich kühle Wasser. In *Haridwar* ist das Wasser noch recht kalt. Die Gangesquelle bei *Gangothri* ist vielleicht gerade mal 200 Kilometer entfernt. Wir waschen uns den Dreck der letzten beiden Tage vom Leib, worauf wir uns auch augenblicklich besser fühlen. Die Pilger liegen da schon ganz richtig. Das Gangesbad hat etwas Besonderes an sich. Aber eher wegen des frischen Wassers als wegen der magischen Kräfte. Der Tag zieht sich noch endlos lang hin, während wir durch die übervollen Gassen geschoben werden und dabei Hunderte von Fotomotiven auslassen. An jeder Ecke spielen sich Szenen ab, die man als einzigartigen Moment festhalten möchte. Doch wir sind beide bereits übersättigt von all den Eindrücken. Keine Ahnung, wie viel Wasser und Limca ich heute in mich hineingeschüttet habe, ohne auch nur einen einzigen Toilettengang. Das einschneidende Erlebnis am frühen Morgen einmal ausgenommen. Die Hitze, die ich sonst geduldig hinnehme, ist hier zu meinem größten Feind geworden. Am Abend sitzen wir noch lange am heiligen Feuer, und erfahren viel über die heiligen Männer, ihre Motive und ihre soziale Stellung in der indischen Gesellschaft. Welch eine fremde Welt, in der wir uns gerade als Gäste aufhalten. Wieder werden wir mit Tee und Essen versorgt, obwohl ich am liebsten gar nichts zu mir nehmen würde. Früh krabbeln wir in unsere Schlafsäcke und freuen uns darauf, dass es morgen mit den Motorrädern weitergeht.

4. Nichts als Yoga

Alle sind sie da und verabschieden uns wie alte Freunde. Auch diejenigen, die uns an den Abenden zuvor nur ganz zurückhaltend beäugt haben. Vielleicht hätten sie gern ein paar Worte mit uns gewechselt. Aber nicht jeder ist der englischen Sprache mächtig, und nur die ganz Mutigen kommen einfach in ihrer Muttersprache auf uns zu. Wie auch immer, sie sind da, um uns die Hand zu geben oder alles Gute zu wünschen. Aber erst müssen wir noch brav unseren Becher mit frischem Tee austrinken, übrigens ohne dass wir auch nur den Hauch einer Chance gehabt hätten, uns dafür erkenntlich zu zeigen. Man hat es uns so erklärt: Bei der *Kumbh Mela* wird an alle Gäste verteilt. Emsig gesammelt wird wohl in der restlichen Zeit, aber eben nicht hier. Wir gehören auch zu den Gästen. Es geht dabei nicht um schwarz oder weiß, arm oder reich, Inder oder Europäer. Gäste sind eben Gäste. Gestern Abend funktionierte noch nicht mal der sonst so verlässliche Trick mit der Spende an bedürftige Kinder. Ihr seid eingeladen, und damit basta. Unser Gastgeber ließ keinen Zweifel daran aufkommen, dass er es ernst damit meint.

Alle Hände sind zum Gruße erhoben, als die beiden Motorräder mit uns vom Platz rollen. Vermutlich waren wir, die beiden Deutschen auf der *Kumbh Mela*, genauso etwas Ungewöhnliches wie all die bärtigen Männer für uns.

Aus Haridwar herauszukommen ist ein bisschen kniffelig heute Morgen. Denn ein Großteil der sieben Millionen Besucher versucht im Moment genau das Gleiche. Wir sehen uns schon auf der Gewinnerstraße, als wir im Slalomkurs die Autoschlangen umfahren und dabei ganz gut Strecke machen. Doch erst jetzt, als wir die nördliche Stadtgrenze passieren, kommt das eigentliche Chaos in Sichtweite. Links und rechts der Straße reihen sich endlose Zeltlager aneinander, dessen Bewohner selbstverständlich auch mit der Abreise beschäftigt sind. Die Hauptverkehrsstraße nach *Rishikesh* ist flächendeckend mit Menschen übersät, die sich zu Fuß in Richtung Norden bewegen. Kleine Kinder, alte Greise in gebückter Haltung, humpelnde Gestalten mit Gehstützen, viele mit Taschen auf den Köpfen, pilgern vor uns her, wie eine undurchdringliche Wand. Polizisten mit Schlagstöcken versuchen, das Geschiebe zu kontrollieren. Wir hängen uns an ein Polizeimotorrad, was sich gerade eine Schneise durch die Menge bahnt und kommen dabei erstaunlich gut voran. Kompliziert wird es in der Tat, wenn jemand aus der Gegenrichtung auf uns zukommt. Aber im Moment teilt sich die Menschenmasse vor uns auf mysteriöse Art, wie damals das Rote Meer auf dem Sinai. Irgendwann lichten sich die Reihen, sodass wir an Fahrt gewinnen.

Ganz ehrlich – wir schwören, bei jedem Schild richtig abgebogen zu sein und bei jedem Polizisten laut und deutlich nach dem Weg gefragt zu haben. Trotzdem erreichen wir *Rishikesh* mit 20 Kilometer Umweg aus der falschen Richtung. Nein, das liegt nicht daran, dass wir kleine Orientierungsdummies sind. Nein, sind wir nicht! Es drängt sich der Verdacht auf, dass es falsch gestellte Hinweisschilder gibt. Einmal haben wir das schon gesehen, allerdings dann auch sofort durchschaut. Auf den Einfahrtstraßen der Städte gibt es oft bewegliche, metallene Absperrungen. Etwa so wie ein vier Meter langes Stück Gartenzaun mit Rädern dran. Nur eben aus massivem Stahlrohr zusammengeschweißt. Genau an diesen Absperrungen hängen Wegweiser auf andere Orte. Dummerweise werden diese Barrieren aber mal auf dieser und auch mal auf der anderen Straßenseite aufgestellt, ohne dass jemand auf die Idee kommt, die Hinweisschilder zu entfernen. Vielleicht haben uns die Ordnungshüter ja auch absichtlich über den Umweg geschickt. Die Strecke war jedenfalls recht nett.

Also, was soll's.

Schön grün ist unsere Bleibe hier in Rishikesh. Neben der grünen Fassade hat es kleine, gartenähnliche Rasenflächen, die mit präzise geschnittenen Hecken in kleine Parzellen unterteilt sind. Ein sehr anheimelnder Anblick, nach all dem trockenen Land bisher. Nach einem verschlafenen Nachmittag erkunden wir *Rishikesh* zu Fuß. Schon nach kürzester Zeit wird uns dabei eines sonnenklar: *Rishikesh* ist das Mekka aller Yoga-Begeisterten. Nichts als Yoga, soweit das Auge blickt. Da gibt es die klassische *Tri Yoga Variante*, mit *Asana, Pranayama und Mudra*, über *Power Yoga* für körperlich Ehrgeizige, bis hin zu *Bikram-Yoga*, wo die Übungen in einem heißen Raum (35 bis 40 Grad) durchgeführt werden. Das wird hier wohl bei allen Versionen der Fall sein, es sei denn, man hat einen Nachtkurs bebucht. Wem das nicht reicht, der kann sich auch zu einem zwölfstündigen Kombi-Kurs einschreiben. Da gibt es gleich noch die Grundlagen von *Ayurveda* und *Meditation* als Schnupperkurs aus einer Hand. Noch immer nicht genug? Dann hätten wir als Nonplusultra den Lehrgang, bei dem der musikinteressierte Langzeitreisende die komplizierte Technik des indischen Bambusquerflötenspiels erlernen kann. Wir sind von der Bandbreite des Angebotes schwer beeindruckt, aber nicht wirklich begeistert. Für uns ist da nämlich absolut nichts Passendes dabei. Obwohl mir die Vorstellung gefällt, dass ich bei der nächsten Motorradpause Volker mit meinem virtuosen Flötenspiel die Zeit vertreiben könnte. Vielleicht an einer dieser Lkw-Raststätten. Wo ich dann völlig verdreckt, auf dem Sattel einer *Royal Enfield* sitzend, die indischen Trucker in musikalische Verzückung versetze. So wie *Krishna,* die achte Reinkarnation *Vishnus.* Der hatte auch immer seine Flöte dabei.

Volker blickt mich so sorgenvoll an, als hätte er gerade einen Geist gesehen.

»Alles in Ordnung mit dir?«

»Ja klar, eigentlich schon.«

»Dann hör auf mit dem Scheiß und lass uns weitergehen.«

»O.K. war ja nur so eine Idee.«

Immer noch wandern Tausende Pilger durch den Ort, sodass die Gangesbrücke heute zur Einbahnstraße erklärt wird. Das gewaltige Ashram auf der anderen Uferseite verpasst seinen Jüngern soeben eine Schallmassage vom Allerfeinsten. Auch Hunderte Meter vom Gebäude entfernt hängen immer noch Megafone in den Strommasten, die das wahrhaftige Geschrei der übermotivierten Predigerin übertragen. Ach ja, und Affen laufen überall bettelnd herum. Mal sind sie die liebsten auf der Welt, dann aber wieder rotzfrech und

Ankunft in Haridwar

On the Road

In Rishikesh

Am heiligen Feuer

Thali

Kumbh Mela

Die heiligen Männer

Auf dem Weg nach Haridwar

In Rishikesh

Delhi 39 Kilometer

erkennbar aggressiv. Das Blöde ist, dass ich mir vorher nicht sicher sein kann, welcher der beiden Charaktere gerade da vorn auf der Mauer sitzt. Ich habe trotz aller Tierliebe so meine liebe Not mit unseren nächsten Verwandten. Denn sie sind blitzschnell und viel zu beweglich, als dass man auch nur den Hauch einer Chance gegen einen Angriff hätte. Genau genommen wundert es mich, dass sie uns nicht ständig anfallen wollen. Gerade eben haben wieder ein paar junge Burschen mit Steinen nach der Affenbande geworfen. Vermutlich, weil die bei jedem Treffer so schön quieken. Nein, ich bleibe besser auf Distanz, um Missverständnisse zu vermeiden.

Am nördlichen Stadtrand haben sich jetzt viele Durchreisende direkt am Straßenrand niedergelassen, um zu campieren. Es ist nahezu unglaublich, wie sich die indische Bevölkerung mit einer derartigen Situation arrangiert. Erst einmal wird sich hingehockt. Mitunter auch für eine halbe Stunde, ohne sich auch nur einen Zentimeter zu bewegen. Während sich die indischen Frauen in dieser Hockstellung offensichtlich entspannen können, würden wir Mitteleuropäer sicherlich endlose Gelenkschmerzen erleiden. Ganz abgesehen davon, dass 90 % unserer Spezies diese Position in der Hocke aus Gründen der Unbeweglichkeit gar nicht einnehmen könnten. Aus dieser Hockstellung schauen die Inder dich dann an, ohne Mimik. Sie gucken einfach nur. Tun sie das nicht, liegt es vielleicht daran, dass sie sich mitten in einem Toilettengang befinden. Gleiches gilt auch als sehr wahrscheinlich, wenn sie sich hockend irgendwelchen Abwasserkanälen zuwenden. Auch mitten in der Stadt, zwischen zwei Geschäften. Da kennen die nix. Nun aber wieder zu dem normalen »Hocken«. In dieser Stellung wird auch das

Essen zubereitet. Fünf Steine, etwas Holz und der mitgebrachte Blechtopf bilden mit drei Inderinnen eine mobile Küche. Auf dem blanken Betonboden der Wasserstelle wird gerade dort der Brotteig eingerührt, wo sich der bärtige Pilger von eben gerade noch den Straßendreck von den Füßen gewaschen hat. Sie kochen und essen hockend mit einer unglaublichen Unbekümmertheit vor sich hin, während zwei Meter weiter der Straßenstaub immer wieder von vorbei fahrenden Jeep-Taxen aufgewirbelt wird. Guten Hunger!

Das Gangesufer zeigt sich nun von seiner angenehmen Seite. Zwischen großen Felsen tun sich regelrechte Sandstrände auf. Damit hätte ich hier nun wirklich nicht gerechnet. Der Sand ist zudem noch pulverfein, wie er schöner gar nicht sein könnte, aber leider von grauer Farbe. Man könnte ihn fast für Zement halten, wenn da nicht dieses Glitzern in dem nichtssagendem Grau wäre. Eine äußerst interessante Entdeckung, von der ich erst mal eine Handvoll einstecke. Die Fußgängerbrücke ist immer noch eine Einbahnstraße, so bleibt uns nur das Fährboot, mit dem heute anscheinend ordentlich Umsatz erzielt wird. Die Boote fahren im Minutenrhythmus über den Fluss und sind bis an den Stehkragen mit Menschen vollgestopft. Ein alter Mann beugt sich über die Seitenplanke, schöpft mit der Hand etwas Gangeswasser und trinkt es, als sei es das köstlichste Getränk auf der Welt. Höchstwahrscheinlich kennt der aber auch noch kein Andechser Weißbier. Eine alte Frau bittet ihn um einen Schluck aus seiner Hand, den sie sich mit dem Ausdruck allergrößten Glücks über das Gesicht verteilt. Welch eine Bedeutung muss der graue Wasserstrom für diese Menschen haben. Es ist schon dunkel, als wir zurück in unserer

Unterkunft ein hervorragendes Abendessen bekommen. Den Tag beschließen wir mit der Erkenntnis, dass *Rishikesh* ausschließlich vegetarische Restaurants besitzt, in denen sich die Getränkekarten auf Saft und Wasser beschränken.

5. Relaxte Tage in Rishikesh

Welch ein Kontrastprogramm zur *Kumbh Mela*. Das Frühstücksmüsli nach indischer Machart ist ein Traum. Frische Früchte, dazu Nüsse, Joghurt und Honig. Besser geht es kaum.

Den Ganges stromaufwärts zu erkunden – das haben wir uns heute auf den Tageszettel geschrieben. Die Badesachen sind bereits im Rucksack und die Motorräder in Startposition, als uns eine Stimme vom Balkon der dritten Etage erst einmal stoppt. Sie gehört zu einer der beiden Koreanerinnen, die zwei Zimmer neben uns wohnen. Ob sie mitfahren könnten, wollen sie wissen. Sie haben zwar keinen Helm, aber auch nicht die geringsten Bedenken, ohne Kopfschutz zu fahren.

»It's up to you.«

Das reichte schon aus, damit die beiden ihre Schwimmsachen packen und wenig später mit einem ostasiatischen Gottvertrauen auf den Sozius steigen. Die Straße entlang des heiligen Flusses ist in schlechtem Zustand. Überall wird gebaut, und entsprechend staubig verläuft die Fahrt. Schon nach den ersten Kilometern haben wir wieder eine schöne, indische Landstraßenpanade auf der Haut kleben. Ob unsere Begleiterinnen sich das so vorgestellt haben? Außerdem ist es schon jetzt am Vormittag wieder so unerträglich heiß, dass der Fahrspaß erheblich darunter zu leiden hat. Badestellen sind von der Straße aus schlecht auszumachen. Oft liegt der Fluss tief unter uns ohne erkennbaren Weg zum Ufer. Doch irgendwann klappt es dann doch noch, und wir erreichen mit einigem Aufwand eine akzeptable Badestelle. Schön erfrischend und kühl ist der Ganges. Schon nach wenigen Minuten finden wir uns im grauen, wärmenden Glitzersand wieder. Immer wieder ziehen Rafting-Boote an uns vorbei, deren Insassen offensichtlich viel Spaß bei ihrer Tour haben. Auch bei uns reift der Entschluss heran, diesen Freizeitsport bei nächster Gelegenheit einmal auszuprobieren. Hier in *Rishikesh* scheint das neben dem bereits erwähnten Yoga der ultimative Kick zu sein. Es wird demzufolge auch in fast jedem Laden angeboten.

Zurück im *Guesthouse* möchten uns Soyoung und Jessie zum Abendessen einladen – als Dank für die Motorradtour. Wir lehnen jedoch mit der Erklärung ab, dass es uns Spaß bereitet hat, die beiden mitzunehmen. Das liegt im Wesentlichen daran, dass es den ganzen Nachmittag weder Verspätungen noch Wartezeiten gab und die beiden wirklich ohne jeden Vorbehalt aufsteigen und einfach mitfahren. Ich hatte die Damen aus Fernost eigentlich nicht so pflegeleicht eingeschätzt. Außerdem sprechen sie recht gut Englisch, was für eine angeregte Unterhaltung und immer wieder herzerfrischende Lachsequenzen sorgt.

»Nein, wir essen gerne mit euch zusammen zu Abend, aber bezahlen werden wir selbst. Und wenn ihr noch mal mitfahren wollt, jederzeit gern.«

Es gibt da noch eine für uns recht überraschende koreanisch-deutsche Gemeinsamkeit, die wir heute Nachmittag herausgefunden haben. So gaben Volker und ich vor, auf dem heutigen *nach Hause Weg* noch etwas einkaufen zu wollen. Bei Frauen ruft das Wort

»Shopping« erfahrungsgemäß eine positive Reaktion hervor. Sie äußert sich meist als eine Mischung aus Glücksgefühl, Neugierde und operativem Tatendrang. Dass die beiden mitfahren würden, war für uns also durchaus vorhersehbar. Was wir ihnen allerdings nicht verraten haben, ist die Tatsache, dass wir auf der Suche nach *Kingfisher*-Bier sind. Mittlerweile zieht sich die Suche nach dem vielversprechenden Ort *Raiwala* aber schon fast eine Stunde hin. Und gerade werden wir nochmals 10 Kilometer weiter geschickt. Um größeren Enttäuschungen vorzubeugen, decken wir unsere Karten auf und erwarten zwei enttäuschte Gesichter aus Fernost. Nicht auszudenken, was passiert, wenn die Koreamädels seit einer Stunde nur noch an indischen Schmuck in allen Variationen denken und sich herausstellt, dass wir eigentlich einen Gertränke-Shop suchen. Doch weit gefehlt. Genau das Gegenteil passiert.

»Beer, Whow!«
»We like it.«
»Where is it?«
»Only 10 km more?«
»No problem – let's go.«

Von wegen enttäuschte, kleine Mandelaugen! Vor lauter Begeisterung werden die so groß, als hätten sich die beiden gerade einen Megajoint durchgezogen. Die müssen wirklich einen Mordsdurst haben. Gerade checken sie schon mal, wie viele Flaschen noch in ihre Rucksäcke passen.

Am gelobten Ort angekommen (übrigens ein vergitterter Laden für alkoholische Getränke, vor dem sich ausschließlich Männer aufhalten) verpassen sich die beiden erst mal aus dem Stand zwei Dosen *Fosters*. Während wir in aller Sorgfalt den erstandenen Karton auf dem Gepäckträger befestigen, bekommt der inzwischen auf uns aufmerksam gewordene Polizist die Fotokamera aus Seoul in die Hand gedrückt. Er fügt sich in sein Schicksal und hält alles im Bild fest. Was soll er schon machen gegen so eine massive, fernöstliche Ausgelassenheit.

Das kalte *Kingfisher* ist schon ein kleines Sahnehäubchen für die Abendstunden auf dem Balkon. Aber auch die Tage wollen ausgefüllt sein. Die Freizeitmöglichkeiten in Rishikesh sind für uns begrenzt. Yoga und Meditation sind nun mal nicht das Passende für Motorradfahrer. Schließlich haben wir uns die beiden *Royal Enfields* zugelegt, um hier in Indien ein paar Strecken zu fahren, und nicht um mentale Ruhe zu finden. Schon gar nicht, um hier vielleicht noch spirituell zu werden.

Mit dem »Motorradfahren« ist das allerdings so eine Sache in Indien. Es gibt zwar unglaublich viel zu entdecken, wenn wir über die staubigen Straßen tuckern. Die beiden *Royal Enfields*, mit ihrem satten Sound, machen obendrein auch noch richtig Spaß. Trotzdem müssen wir erkennen, welche Nachteile diese Freiheit auf zwei Rädern hier mit sich bringt. Die hohen Temperaturen kann man sicherlich ertragen, auch wenn das Visier um die Mittagszeit geschlossen bleiben muss. Zudem ist die flächendeckende Versorgung mit Trinkwasser immer gegeben. Mit dem Straßendreck können wir uns auch arrangieren. Inzwischen haben wir es uns längst zur Routine gemacht, abends die Kleidung einmal kurz durchzuwaschen. Das alles sind Dinge, die wir inzwischen problemlos zu managen wissen. Es ist diese unglaubliche Verkehrsdichte, die uns täglich den Fahrspaß trübt. Da können wir machen, was wir wollen. Bei einer Startzeit um 10 Uhr vormittags stehen zum Sonnenuntergang maximal 150 Kilometer auf dem Tacho. Dabei haben wir nicht mal rumgetrödelt, ja noch nicht einmal eine Essenspause eingelegt. Die Zeit verrinnt einfach so, zwischen gestauten Ortsdurchfahrten, Ochsenkarren und der kleinen, täglichen Panne an mindestens einem der beiden Motorräder. Die Zielsetzung, in die *Wüste Thar* zu fahren, haben wir uns längst abgeschminkt. Zu groß sind die Distanzen und noch höher die Tagestemperaturen. Was hatte Mr. Trehan in Delhi dazu gesagt?

»If you like it hot, go to Rajasthan.«

Und wenn ein Inder von »*hot*« spricht, dann heißt das für unsereins »*unerträglich hot*«. Bleibt noch die Möglichkeit, Richtung Norden, zur Gangesquelle bei *Gangotri* zu fahren. Nach reiflicher Überlegung entscheiden wir uns auch gegen diese Variante, die durchaus in zwei Tagen erreichbar wäre, aber eine Einbahnstraße ist. Nein, wir bleiben erst einmal hier in *Rishikesh*, um rundherum nach Herzenslust kleinere Ausflüge zu unternehmen. Volker wird die Zeit außerdem nutzen, um seine Erkältung völlig auszukurieren, und auch ich möchte meinem immer noch angeschlagenen Verdauungstrakt die Möglichkeit einräumen, wieder anständige Arbeit leisten zu können. Dabei wird uns das hervorragende Essen hier im *Guesthouse* eine große Hilfe sein. Für heute fahren wir noch einmal an das Gangesufer – zum Baden und Sonnen. So geht dieser Tag voller Fragen mit dieser einstimmigen Entscheidung zu Ende.

Die Sonne ist schon lange hinter den Bergen verschwunden, als wir auf dem Balkon sitzend, uns ausgelassen über den indischen Straßenverkehr unterhalten.

Motorradfahren in Indien:
Es gibt Leute, die glauben in Indien gäbe es keine Verkehrsregeln. Das ist natürlich Quatsch. Andere behaupten, 80 km/h auf einem Motorrad würden einem Selbstmordversuch gleichkommen. Auch das stimmt natürlich nicht. All diese (und noch weitere) abenteuerliche Beschreibungen dessen, was sich auf indischen Straßen abspielt, basieren auf persönlichen Eindrücken. Ob man diese nun als gefährlich bewertet oder nicht, liegt immer an dem Maßstab, den man zur Beurteilung dieser Situation heranzieht. Ich denke inzwischen, dass der indische Straßenverkehr ein äußerst komplexes Gebilde ist, ungeschriebenen Regeln unterliegt, und sich wie ein Chamäleon ständig an neue Situationen anpassen kann. Grund genug, um an dieser Stelle mal etwas genauer hinzusehen.

Ein erster Blick richtet sich auf das breite Spektrum der unterschiedlichen Verkehrsteilnehmer. Da wären neben allen erdenklichen Arten von Zweirädern, die Threewheeler, PKWs, LKWs und Busse. Hinzu kommen die langsam fahrenden Kollegen, wie Pferdewagen, Ochsenkarren, Fahrradrikschas und Handkarren. Während die Letzteren, bedingt durch ihre geringe Geschwindigkeit, den Verkehrsstrom, eher bremsen, bewegen sich die Busse und Lastkraftwagen meistens mit ihrer Maximalgeschwindigkeit. Und damit hätten wir auch schon die erste gefahrenträchtige Situation konstruiert. Wenn du also mal wieder wegen des vor dir wendenden Ochsenkarren eine Vollbremsung hingelegt hast, bleibt hinter dir noch der herannahende *Tata*. Mal kommt er als Bus, mal als Lastwagen. Egal welcher von beiden es diesmal ist, er wird dich lautstark anhupen. Was er ganz sicher nicht tun wird, ist seine Geschwindigkeit schlagartig zu reduzieren. Ich bin mir auch nicht sicher, ob er das technisch überhaupt könnte. Genau für diese Situationen haben alle motorgetriebenen Fahrzeuge diese äußerst gut funktionierende Hupe, die während der Fahrt ständig auf Funktion überprüft wird. Man kann es eigentlich gar nicht vergessen. So trägt jeder *LKW* in großen Lettern den Schriftzug »*Horn, OK please*« auf der Heckklappe. Und da hätten wir auch schon die erste indische Verkehrsregel abgeleitet.

Hupen, und zwar sobald ein anderer Verkehrsteilnehmer in Sichtweite kommt. Ach ja – es herrscht Linksverkehr, theoretisch jedenfalls. Also dann, wenn es die Verhältnisse zulassen, wird links gefahren. Für Motorradfahrer sicherlich ein untergeordnetes Problem. Es sollte aber dennoch immer in der Erinnerung bleiben. Wenn wir nun mit unserer *Royal Enfield* auf der linken Spur dahintuckern, achten wir auch stets darauf, dass wir auf dieser Spur ganz links fahren. Als Zweiradfahrer wäre es eine fatale Fehleinschätzung, dem Irrtum aufzusitzen, die komplette, linke Spur gehöre uns allein. Gehört sie nicht, denn entgegenkommende Fahrzeuge erheben für ihren Überholvorgang Anspruch darauf, den sie manchmal auch durch eine kurze Lichthupe ankündigen. Das machen alle Fahrzeuge, die größer sind als wir. Also vom PKW aufwärts, womit wir wieder beim Thema *Tata* wären. Wenn uns also wieder mal zwei mächtige *Tatas* nebeneinander entgegenkommen, ist damit die ganze Straßenbreite ausgefüllt. Für uns bleibt nur eine Vollbremsung, in der Hoffnung, dass der Überholvorgang vor unserem Zusammentreffen abgeschlossen ist. Ist er das nicht, bleibt nur die Flucht auf den unbefestigten Seitenstreifen, oft verbunden mit einem beherzten Sprung über die manchmal zehn Zentimeter hohe

Teerkante. Wohl dem, der zuvor stark genug abgebremst hatte, denn tiefe Löcher sind auf dem Seitenstreifen keine Seltenheit. Innerhalb der Ortschaften tummeln sich außerdem genau hier auch noch die Geisterfahrer, die mal gerade 500 Meter in die Gegenrichtung fahren und sich das Risiko einer Straßenüberquerung ersparen wollen. Hinzu kommen auch noch die, die gerade von links her auf unsere Straße einbiegen. Das passiert grundsätzlich, ohne den rückwärtigen Verkehr zu beachten. So machen es hier alle. Niemals nach hinten gucken, nur nach vorn. Mein Hintermann ist für mich verantwortlich. Und wenn der etwas von mir will, z.B. Überholen, dann macht er was? Richtig: Hupen! Wer von hinten angehupt wird, sollte seine Fahrtrichtung und Geschwindigkeit keinesfalls abrupt ändern. Denn irgendwo, links oder rechts wird jetzt jemand an ihm vorbeifahren. Manchmal auch mit Minimalabstand und eingeklapptem Außenspiegel. Busse beherrschen diese Technik perfekt. Manche kommen mit Maximalgeschwindigkeit und Dauerhupton wie ein Güterzug auf der Überholspur herangerauscht. All diese Regeln, die man übrigens sehr schnell lernt, sind veränderbar, sobald sich Kühe auf der Fahrbahn niedergelassen haben. Das Gleiche gilt auch, wenn ein durch Defekt liegen gebliebener LKW gerade seine Vorderachse wechselt. Ja, das wird hier alles vor Ort erledigt. Abschleppen kommt nicht in Frage. Bei all dem Chaos fließt der Verkehr dennoch irgendwie vor sich hin und lässt jedem Einzelnen die nötige Luft zum Überleben. Aber verlassen kann man sich darauf nicht. Immer wieder kommt es zu schweren Unfällen, bei denen vom Fahrzeug nicht viel übrig bleibt.

Fazit: Motorradfahren in Indien ist nicht ungefährlich, bedarf einschlägiger Zweiraderfahrung und erfordert vorausschauendes Fahren. Jetzt noch das nötige Quäntchen Glück, und einem neuen Asphaltabenteuer steht nichts mehr in Wege.

Heute ist Sonntag. Der Tag, an dem unsere Rafting-Tour stattfinden soll. Vor einer halben Stunde erhielt ich einen Anruf und damit die Mitteilung, dass sich genügend Teilnehmer gefunden haben. So warten wir inzwischen zu viert im Internetshop auf das, was gleich kommen mag. Jessie und Soyoung sind auch wieder mit von der Partie. So sind wir schon vier absolute Neulinge, die zum ersten Mal ein Raftingboot besteigen werden. Aber bisher passiert erst mal gar nichts, was überhaupt auf Rafting hindeutet. Es kommen weder weitere Interessenten noch fährt jemand mit einem Boot vor. Zeit für einen kurzen E-Mail-Check.

»Meister, der PC ist doch for free, oder?«

Ja, ist er, denn immerhin warten wir hier schon eine ganze Weile. Wer an indischen PCs mal eben auf die Schnelle etwas erledigen will, kann herbe Enttäuschungen erleben. Sah die Hardware eigentlich gerade noch recht vielversprechend aus, so wird der anfängliche Enthusiasmus spätestens bei der Bitrate des Downloads gewaltig ausgebremst. Dieses Exemplar hier hält aber noch eine besondere und für mich neue Überraschung bereit, von der ich noch nichts ahne. Vor einer Minute habe ich dem Ungeheuer aus Japan die Speicherkarte meines Fotoapparates anvertraut, und seitdem scheint er sich damit auch eingehend zu beschäftigen. Jedenfalls möchte er von anderen Dingen in der Zwischenzeit nichts wissen. Schöne Fotos zeigt er mir zwar, aber für einen Upload zur Homepage reicht es nicht. Als nun meine Fotokamera die Karte zurückbekommt, verweigert sie erst mal den Dienst.

»Karte nicht lesbar. Neu formatieren?«

Jetzt bloß nicht den falschen Knopf drücken, sonst sind die kompletten »Kumbh Mela-Bilder« binnen Millisekunden im Nirwana verschwunden. Eine Schweißperle läuft an meinem Gesicht herunter, und natürlich fährt genau in diesem Moment ein Jeep auf den Hof, der ein komfortables Raftingboot auf seinem Dach trägt.

»OK Guys, we are ready, let's go.«

»Stop, jetzt müsst ihr einmal warten.«

Glücklicherweise lassen sich alle Bilder noch problemlos auf den USB-Stick kopieren, bevor ich die Karte tatsächlich neu formatieren muss. Erleichtert und um eine Erfahrung reicher, besteigen wir den Jeep, der uns stromaufwärts bringt. Als das Boot zu Wasser gelassen wird, sind wir zu zehnt. Eine bunte Mischung aus Indern, Koreanern, Deutschen und dem Guide natürlich, der anscheinend der Einzige ist, der überhaupt schon mal in so einem Boot gesessen hat. Die Einweisung dauert trotzdem nur 10 Minuten. Alles klar? Weste an, Helm auf und Paddel in die Hand. Los geht's, der ersten Stromschnelle entgegen. Sahen diese schnell fließenden und aufgewirbelten Passagen von der Straße noch recht harmlos aus, so sind sie jetzt umso beeindruckender. Das Boot gerät in den Sog, wird schnell und schneller und die Wellen vor uns immer höher. Vor uns türmt sich eine Wasserwand von anderthalb Metern Höhe auf, auf die wir im Affenzahn zusteuern. Was jetzt? Schreien könnte vielleicht helfen? Jessie, die direkt hinter mir sitzt, macht das schon seit einigen Sekunden. Hilft wirklich! Jetzt schreien alle im Chor, und mit einem Riesensatz sind wir erstens: durch, und zweitens: klatschnass. Donnerwetter, das ist ja doch nicht so langweilig, wie ich erst angenommen hatte. Ein richtiger Erlebnissport, und bei dem heißen Wetter außerdem eine willkommene Abkühlung. Immer wieder rütteln mächtige Stromschnellen das Boot durch, während wir alle einen Heidenspaß haben. Selbst die beiden »Schicky Micky Inderinnen« mit Nagellack und »Fliege Puck Sonnenbrille« sind in dieser Beziehung alles andere als penibel. Wir pausieren bei einem kleinen Wasserfall, der seine spärliche Wassermenge hier dem Ganges übergibt. Nicht nur wir stoppen hier, sondern fast jedes Boot, was stromabwärts fährt. Und das sind heute enorm viele. So viele, dass wir kaum einen Platz zum Festmachen bekommen. Was zum Teufel ist an diesem mit Wasser überspülten Felsen so interessant, dass hier so viele Leute eine Pause einlegen? Nicht wie vielleicht erwartet der Wasserfall, sondern eher der überhängende Sprungfelsen. Junge indische Burschen verstehen ihn als eine Art Mutprobe, obwohl er mit gut vier Metern nun wirklich nicht den ultimativen Nervenkitzel hervorruft. Aber die jungen Helden präsentieren uns eine Show mit hohem Unterhaltungswert, wenn sie todesmutig den Felsen besteigen und lautstark in die Tiefe springen – oder mit Dackelblick doch lieber wieder herunterklettern. Volker und ich lassen es uns nicht nehmen, in der »*Altherren-Klasse*« ebenfalls den Sprung zu wagen. Erst von hier oben sehen wir, dass eine kleine, verängstigte Wasserschlange dort unten versucht, einen geschützten Platz zu finden. »Fischerman, mach hin«, meint Volker, und schon geht es abwärts. Auch Jessie wagt den Sprung, obwohl sie definitiv nicht schwimmen kann. Es ist schon beeindruckend, welches Vertrauen diese Mädels aus Fernost in eine alte, ausgefranste Schwimmweste setzen.

»Dafür ist die Schwimmweste doch da«, antwortet sie aus voller Überzeugung auf meine besorgte Frage nach der Sicherheit. Wir Deutschen seien immer so übervorsichtig in allen Dingen. Genau wie bei dem Motorradfahren ohne Helm. Da würden wir uns auch immer so anstellen. Volker und ich speichern diese Aussage als äußerst interessante Betrachtungsweise ab. Die Bootstour endet im Zentrum von *Rishikesh*. Pudelnass treten wir zu Fuß den Heimweg durch die Stadt an. Über eines sind wir uns alle vier einig: Eine Rafting-Tour ist genau das Richtige für einen heißen Sonntag am Ganges. Der Abend hält dann auch noch eine Überraschung für uns bereit. Soyoung begeht nämlich heute ihren Geburtstag, zu dem es zuckersüßen Kuchen mit »Happy Birthday«-Aufschrift gibt. Jessie hatte diese Kalorienbombe eigens zu diesem Anlass bei der Schweizer Bäckerei um die Ecke bestellt. Die Eidgenossen müssen es mit dem Zucker wohl recht gut gemeint haben. Schon nach dem ersten Stück sind wir so satt, dass der Rest an die Kellner verteilt wird. Die allerdings scheinen über diese Abwechslung sehr erfreut zu sein.

6. Südwärts

Die Tage vergehen, indem wir kleine Ausflüge am Ganges unternehmen oder einfach am Swimmingpool des Nachbarhotels relaxen. Hier, abseits der Hauptstraße, zeigt uns *Rishikesh* sein anderes Gesicht. Absolut ruhig, von Bergen umgeben und unter Schatten spendenden Bäumen ist es angenehm warm. Doch irgendwann bekommt all diese Ruhe und Erholung auch eine beunruhigende Seite. Es ist viel mehr eine gewisse Rastlosigkeit, die sich in uns breitmacht.

Kennen Sie das?

So, als wenn ein kleines Teufelchen auf deiner Schulter sitzt, um dir Kommentare ins Ohr zu hauchen, die da lauten:

»Wie lange willst du eigentlich noch an diesem Chlortümpel liegen?« Oder: »Hast du die *Royal Enfield* nur gemietet, um damit Koreanerweiber spazieren zu fahren?«

Das ist dann der Zeitpunkt, wo man anfängt, seinen Rucksack zu packen, und den Ölstand kontrolliert, um endlich wieder auf die Straße zu kommen. Eine *Royal Enfield* gibt sich aber nicht damit zufrieden, nur einmal rundherum inspiziert zu werden. Sie lässt dich in dem Glauben, »alles wäre gut«, und dann geht irgendetwas kaputt, woran du nie gedacht hättest. Natürlich erst dann, wenn das komplette Werkzeug tief im bereits aufgeschnallten Gepäck verpackt ist. Heute haben wir sogar schon die Helme auf, als Volkers Kickstarterfeder bricht. Nichts Tragisches. Aber zumindest müssen wir eine Befestigung bauen, damit der Kickstarter während der Fahrt nicht unkontrolliert hin und her pendelt. So ist es fast jeden Tag. Vorgestern war es mein Auspuff, den ich fast verloren hätte. So ist das nun mal, mit der »indischen Legende«. Sie ist schon recht liebes- und pflegebedürftig.

Heute ist Mittwoch, und wir sind beide froh, endlich wieder »on road« zu sein, auch wenn es schon der Rückweg nach *Delhi* ist. Der Verkehr hat jetzt, eine Woche später, spürbar nachgelassen. Schon bald passieren wir *Haridwar* und haben dabei das Gefühl recht zügig voranzukommen. Die Realität holt uns jedoch schon am frühen Nachmittag ein, als wir einen prüfenden Blick auf den Tacho werfen. Etwa 90 Kilometer haben wir in gut 4 Stunden zurückgelegt. Natürlich gab es einige Fotostopps, und nach dem Weg mussten wir auch hier und da mal fragen. Zweimal gönnten wir uns sogar eine Trinkpause wegen der immer noch allgegenwärtigen Hitze. Doch unser eigentlicher Bremsklotz ist wieder mal der Verkehr an sich. Es wimmelt hier nur so von diesen Ochsenkarren und anderen langsamen Fahrzeugen, die vor uns wie stehende Hindernisse auftauchen. Geht es dann außerorts mal etwas schneller (was in der Regel 70 km/h bedeutet), kommt uns wieder ein überholender »Tata« auf unserer Spur entgegen. Zweimal lege ich heute eine notfallmäßige Vollbremsung hin, um danach mit mäßiger Geschwindigkeit auf den halbwegs sicheren Seitenstreifen zu flüchten. Das ist hier wahrhaftig keine Vergnügungsfahrt, sondern real praktizierter Verkehrsanarchismus. Hier wird ständig die volle Konzentration gefordert. In der Gegend herum zu gucken, kann am Ende die entscheidende Zehntelsekunde kosten, die zwischen Leben und Tod entscheidet.

Die nächste Pause wird von höherer Stelle für uns arrangiert. Mein Hinterrad ist diesmal platt. Wie sich später herausstellen wird, durch einen stattlichen Nagel, den wohl ein indischer Tischler auf der Überholspur vergessen hat. Passiert dir so etwas in Deutschland, hast du erst einmal ein Problem. In Indien sind Reifenpannen ein Klacks. Denn sie passieren ständig und überall, weswegen auch der nächste Reifenflicker nie allzu weit entfernt ist. Warum Indien das Land der platten Reifen ist, hat zwei Gründe. Erstens: Nicht wenige Fahrzeuge haben Reifen, die aus rein physikalischen Gründen keine 20 Kilometer mehr überstehen können. Zweitens: Auf den Straßen befindet sich derart viel Metallschrott, dass man sich ernsthaft fragt, ob nicht die Zunft der Reifenhändler links und rechts ihres Ladens mal eine Handvoll auf dem Teer verteilt. Das würde zumindest erklären, warum im Notfall die rettende Werkstatt immer in Sichtweite ist. Diesmal sind es gute 300 Meter, die es zu schieben gilt. Genug, um den Schlauch im Hinterrad komplett zu zerstören. Jetzt kommt die Ersatzteiltasche von Mr. Trehan zum Einsatz, aus der wir einen nagelneuen Ersatzschlauch hervorzaubern.

Eigentlich sind diese Reifenflicker ganz nette Leute. Wir werden gerade von drei Generationen gleichzeitig bedient. Vater leitet die Reparatur, Sohnemann reicht Werkzeug und Teile an, während Opa für das Entertainment zuständig ist. Im Grunde mag ich diese kleinen Pannen. Meistens jedenfalls. Sie sind so schön unvorhersehbar und bringen dich immer wieder mit anderen Menschen in Kontakt.

Ich erinnere mich an eine Motorradtour durch die Türkei, auf der ich zwei komplette Tage in einer Motorradwerkstatt verbracht habe. Aber nicht, weil es unlösbare Probleme gab, sondern weil es dort so interessant zuging. Wir, das waren damals eine Handvoll Motorradfahrer, die wir uns auf einem Campingplatz in *Kusadasi* getroffen hatten. Es galt bei jedem von uns, kleinere Reparaturen auszuführen, die relativ schnell erledigt waren. Hier eine Halterung schweißen oder aus zwei 6 Volt Jawa-Batterien ein *Harley* Starterpack zu bauen. Das alles machten wir mehr oder weniger gemeinsam mit den türkischen Monteuren in deren Werkstatt. Im Laufe des Tages kamen dann immer mehr Türken mit ihren alten BMWs vorbei, um mit uns zu fachsimpeln, oder auch mal ein *Efes* zu stemmen. Am Ende waren die Türken gar nicht mehr so türkisch und wir waren auch nicht mehr nur die Deutschen, sondern allesamt Motorradfahrer, die Spaß am gleichen Hobby hatten. Und das ist das Schöne am Motorrad fahren. Du bist nie allein. Spätestens, wenn Probleme auftauchen, wird jemand da sein und dir seine Hilfe anbieten. Sei es durch Werkzeug, Ersatzteile oder einfach nur mit einem Dach über dem Kopf bis zum nächsten Tag. Das funktioniert überall auf der Welt – ist ein ungeschriebenes Gesetz.

In unserem heutigen Fall ist nach einer Stunde alles erledigt. Papa hat eine perfekte indische Wertarbeit abgeliefert, ohne uns über den Tisch zu ziehen. Zum Abschied gibt es noch ein Foto von Junior mit meinem Integralhelm und schon kurz darauf hat uns die Straße wieder. Wenig später fahren wir einige Zeit synchron mit einem dieser indischen Kleinwagen, der für hiesige Verhältnisse recht komfortabel mit sechs Turban tragenden Gestalten besetzt ist. Schwer zu sagen, wer am indischen Götterhimmel heute Verkehrs-Sicherheitsdienst hatte. Jedenfalls war er nicht auf dem Posten. Kaum ist der kleine PKW mal 500 Meter voraus, legt er einen ansatzlosen Drift auf völlig gerader Strecke hin. Irgendwie schafft es der Fahrer, dass sich die Fuhre nicht überschlägt, sondern ordentlich mit dem Heck in die rechte Begrenzungsmauer einschlägt, um sofort wie eine Billardkugel quer über die Fahrbahn nach links vor einen Baum zu knallen. Gute Kür, denken wir uns, als wir mit Schrittgeschwindigkeit vorbeifahrend einen Blick ins Innere des Fahrzeuges werfen. Die Turbane sitzen noch ordentlich, nur die Blicke der Burschen sind etwas starr geworden. Fünf Minuten vorher hätten die uns möglicherweise von der Bahn gefegt. Eine Vision, über die ich gar nicht weiter nachdenken will. Unsere maximale Anzahl von verfügbaren Glückspunkten scheint für heute jedenfalls ausgeschöpft.

So viel aktionsgeladene Unterhaltung macht Lust auf einen Tee, den wir in einem dieser unzähligen Straßenrestaurants gerade bestellen. Tee schmeckt immer. Das habe sogar ich, als eingefleischter Kaffeetrinker, in Indien gelernt. Auch diese Raststätte hat wieder etwas Besonderes zu bieten. Es wimmelt hier nur so von Fliegen. Es müssen Tausende sein. Aber aus irgendwelchen Gründen gehen sie nicht an den Tee, nicht an die Limonade und auch nicht an unsere Körper. Es liegt nicht an uns, auch die Inder haben keine Fliegen im Gesicht. Die Insekten halten sich bevorzugt auf den Stühlen und den Tischplatten auf. Sollte die Tischdecke leckerer sein als meine süße *Limca*? Ich nehme die Flasche mal besser in die Hand.

Noch vor Sonnenuntergang erreichen wir *Meerut*, die Stadt vom Hinweg, mit dem Hotel ohne Frühstück.

160 Kilometer stehen auf dem Tacho, für die wir wieder mal den ganzen Tag unterwegs waren. Vorhin glaubten wir schon, noch nicht mal bis hierher zu kommen. Volkers Motorrad blieb auf gerader Strecke einfach stehen. So wie ein sturer Maulesel, der jetzt etwas zu trinken braucht. Der Tank war noch knapp halb voll. Ein Zündfunke war auch da. Also, liebe *Royal Enfield*-Konstrukteure aus Cennai:

»Welche Überraschung habt ihr diesmal für uns vorbereitet?«

Etwas ganz Einfaches. Ein halbvoller Tank bedeutet noch lange nicht, dass auch Treibstoff aus dem Benzinhahn laufen muss. Jedenfalls kommt erst wieder etwas nach, als wir 3 Liter Sprit umgefüllt hatten. Also wieder mal nichts Dramatisches. Man muss aber erst mal darauf kommen.

Heute checken wir bei einem anderen Hotel ein. Man gibt sich hier deutlich vornehmer und wartet bereits im Foyer mit einer beeindruckenden Anzahl von Personal auf. Der unschlagbare Vorteil dieser Bleibe stellte sich aber schon heraus, bevor wir überhaupt einen Fuß hineingesetzt hatten. Sie liegt nämlich direkt neben dem noch teureren Hotel mit der Bar, die Abend für Abend gut gekühltes *Kingfisher* serviert. Doch meine Vision von einem Kondensat bildenden, kalten Bierglas rückt erst einmal in weite Ferne, als die Prozedur des Eincheckens seinen Lauf nimmt. Das Ganze läuft ungefähr so ab:

»Yes Sir, we have vacancy.«

»Sorry Mr., no more De Luxe-Rooms – only Super De Luxe-Rooms.«

»Yes, 1400 Rupees only, Sir.«

Das mit dem »only« sagen sie immer. Da denken sie auch nicht weiter drüber nach. Das ist so etwas wie eine Höflichkeitsform. So, als wenn der Engländer am Ende des Satzes ein »please« anhängt. Bei den Indern ist es halt ein »only«. Und in Indien ist irgendwie alles »only«. Ich habe sogar schon auf einer von Hand geschriebenen Zimmerrechnung ein »only« doppelt unterstrichen hinter der Rechnungssumme entdeckt. Es hat also nichts mit einem günstigen Zimmerpreis zu tun. Auch hier nicht, aber das sollen wir erst später herausfinden. Es wäre dann aber ein Einzelzimmer, was wir aber großzügigerweise auch zu zweit belegen dürfen.

»Frühstück kriegen wir auch. Auch beide? Denn es ist ja ein Single Room.«

»Ja, kriegen Sie.«

»Kreditkarten werden auch akzeptiert?«

»Selbstverständlich, welche haben Sie denn?«

»VISA?«

»No Problem, Sir.«

»Na dann – check in.«

Wir müssen jetzt nur noch dieses kleine Anmeldeformular ausfüllen. Ach ja, unsere Pässe müssen dazu noch kopiert werden. Ob ich die Kopie dann auch noch unterzeichnen könnte?

»Kann ich«, auch wenn mein Durst langsam unerträglich wird.

»Die Kopie vom Visum auch noch bitte gegenzeichnen. Ja, auf Vorderseite und Rückseite.«

»Alles, was du willst, *Ranjith*, aber komm hier langsam zum Ende.«

Ich habe ihn gerade *Ranjith* getauft. Das mache ich immer mit Leuten, die mir suspekt sind oder die meine Nerven überflüssigerweise strapazieren. Er hier tut gerade das Letztere mit indischer Perfektion.

Ich mag ihn nicht!

Ich bin nach dieser anstrengenden Fahrt abgekämpft, verschwitzt, dreckig, und durstig. Was rede ich da? Ich bin inzwischen vollends dehydriert, und dieser Kerl macht genau das Gegenteil von dem, was man von einem fürsorglichen Hotelportier erwartet.

Er nervt!

Er verbreitet Hektik!

Er stellt Fragen, die keinen Sinn ergeben!

Wozu will er den Vornamen meines Vaters wissen? Ganz ehrlich: Das können sich die Inder nicht selbst ausgedacht haben. Diesen ganzen Papierterrorismus haben mit Sicherheit die Engländer hier zurückgelassen. Und das muss den Indern wohl mit einer solchen Selbstverständlichkeit und Hartnäckigkeit eingetrichtert worden sein, dass sie es bis heute praktizieren, ohne es weiter zu hinterfragen. Eines wird jedenfalls klar. Spaß macht es ihnen garantiert nicht. Im Gegenteil! *Ranjith* sieht mit seinen vielen Zetteln ebenso unglücklich wie überfordert aus. Der smarte Hotelboy stellt sich gerade einer ganz anderen Herausforderung. Der unseres Gepäcks. Der blaue Seesack ist nicht nur deutlich größer als er, sondern auch mindestens so dreckig wie Volker und ich. Wir haben uns schon lange an den Straßendreck gewöhnt. Wenn du zwei Stunden mit dem Motorrad unterwegs bist, hast du eine richtig schöne Panade aus allem, was so auf der Straße umherfliegt. Es lohnt sich aber nicht, vor Ende der Fahrt etwas dagegen zu tun. Da muss man halt durch. Nach der heutigen Strecke fällt unsere Panade dementsprechend dick aus. Der Hotelboy dagegen trägt ein blütenweißes Oberhemd zur schwarzen Hose. Trotzdem schleppt er alles schön artig in den zweiten Stock, ohne sich dabei nennenswert einzustauben. Die 20 Rupees hat er sich dann auch wirklich verdient. Das Zimmer ist recht geräumig und wartet mit einem riesigen Doppelbett auf. Von wegen »Single Room«. Die Dusche funktioniert, die Klimaanlage leider nicht! Das wäre aber schon sehr wichtig, weil unser *Super de Luxe Room* leider kein Fenster hat. Volker informiert *Ranjth* über den bestehenden Mangel. Doch der scheint immer noch mit unserem Eincheckvorgang beschäftigt zu sein. Mit irgendwelchen Formularen und Kopien, die ihn offensichtlich maßlos überfordern, steht er vor unserem Bett, verlangt Unterschriften, Ergänzungen und Erklärungen. Weil mir das jetzt zu blöd wird, schnappe ich mir die Shampooflasche und verschwinde für die nächsten zehn Minuten unter der Dusche. Endlich sauber und mit hoteleigenem Handtuch bekleidet liege ich anschließend auf diesem 2 x 2-Meter Bett.

»Ganz schön warm hier«, denke ich noch, als ich gerade dabei bin einzunicken.

Klopf, klopf! Ach ja – die Klimaanlage.

Zwei junge Männer versuchen sich an der Fernbedienung.

»Beep«, Klappe auf.

»Beep, beep«, Klappe zu.

Das Ganze drei Mal. Weiter passiert nichts.

»Soweit war ich schon«, berichte ich stolz.

Aber anstatt sich auf eine Unterhaltung einzulassen, bekomme ich nur ein kurzes

»Come back later«, dann sind die beiden wieder verschwunden. Soll mir recht sein. Hauptsache Ruhe!

Schon bin ich eingenickt und gleite ab in eine Mischung aus indischem Märchen und Albtraum.

Ich sehe mich selbst am Randstein einer 8-spurigen Straße stehen. Es ist laut. Mein Blick ist schemenhaft und unklar. Ich bin außer Atem, spüre jeden Pulsschlag in meinen Ohren.

»Wo bin ich hier?«

Von Kopf bis Fuß bin ich mit feinem Staub überzogen. Ich spüre ihn in der Nase, in den Ohren, im Mund. Überall dieser Staub. Der Horizont schwankt, die Augen versuchen erfolglos, einen festen Punkt zu fokussieren. Meine Ohren hören Stimmengewirr und Straßenlärm – gedämpft, wie durch eine Glasscheibe. Kein einziges Wort kann ich verstehen. So muss sich ein Verdurstender in seinen letzten Minuten fühlen, schießt es mir durch den Kopf. Fahrzeuge bewegen sich auf der Straße in beiden Richtungen ohne erkennbare Ordnung. Menschen starren mich an, als wenn ich etwas Auffälliges an mir habe. Kamele und Elefanten ziehen vorbei. Kein Zweifel: »Ich bin in Indien. Ich muss auf die andere Straßenseite.« Warum, weiß ich nicht. Es ist eine innere Stimme, die es mir befiehlt. Gehe dort rüber! Und noch mal: »Geh auf die andere Seite.«

Aber wie zum Teufel soll ich das machen? Der Verkehr würde mich umbringen. Da, eine Lücke. Der Blick zur anderen Straßenseite ist frei.

»Was ist das? Eine Fata Morgana?«

Ich reibe meine Augen, um den Blick zu schärfen. Sand kratzt in meinen Augenwinkeln. Ich habe mich nicht verguckt. Dort drüben steht eine zauberhaft aussehende junge Inderin, die freundlich zu mir herüberlächelt. Sie trägt einen leuchtend roten Sari, der wie in Zeitlupe jede ihrer fließenden Bewegungen mitmacht. Ich blicke mich um, aber niemand außer mir ist hier.

»Nein, sie meint mich.«

Jetzt geht sie zu ihrem Getränkestand, zieht den Vorgang zur Seite und zaubert aus dem dahinter erscheinenden Kühlschrank einen gekühlten Maßkrug. Erst jetzt sehe ich die Zapfanlage, aus der sie einhändig das Glas ganz langsam mit *Kingfisher* füllt, während sie mir mit der anderen Hand wohlwollend zuwinkt. Aber schon hat der gnadenlose Straßenverkehr wieder eingesetzt. Jetzt sind es *Tatas*. Unmengen von *Tatas*, die jede Überquerung unmöglich machen. Ich will zwischen ihnen hindurchhuschen. Spur für Spur. Aber es geht nicht. Ich kann meine Beine nicht mehr bewegen. Bin wie gelähmt. Ich blicke an mir hinunter, um zu sehen, warum sie mir nicht mehr gehorchen, und traue meinen Augen nicht. Vier Bettler halten sie am Boden kauernd fest umschlossen und sehen mich mit flehendem Blick an. Jeder von ihnen hat im Mund eine Kopie meines Reisepasses.

Klopf, klopf! Ach ja – die Klimaanlage.

Wird auch Zeit. Diesmal sind sie zu viert. Ein Praktiker mit Latzhose und Wasserpumpenzange ist auch dabei. Ich rechne schon mit dem Schlimmsten, aber sie versuchen sich erneut und erfolglos an der Fernbedienung. Nach kurzer Fehlersuche ist man sich einig. Die Klimaanlage ist defekt. Von vier hoteleigenen Spezialisten einstimmig festgestellt. Das sei aber im Grunde gar kein Problem. Wir haben ja noch den Ventilator, den einer der vier schon mal auf die größte Stufe stellt. Der andere meint, wir sollten zur Ablenkung doch ein wenig fernsehen. Mit einem Handgriff hat er auch schon eine dieser Bollywood-Schnulzen auf den Bildschirm gezaubert. Und nun stehen die vier freudestrahlend vor uns wie die Orgelpfeifen und behaupten:

»Na, dann ist ja alles klar.«

Von rechts nervt dieser lautstarke Bollywood-Singsang, und von oben gibt es einen Windzug, als wenn du mit einer offenen Turboprop über den Balkan fliegst.

»Nein, meine Herren. Nichts ist hier klar. Alle Mann hier geblieben. Wie sind denn die Klimaanlagen in den anderen Zimmern?«, wollen wir wissen.

Natürlich alle bestens OK. Aber ein Umzug kommt nicht in Frage, weil alle anderen Zimmer angeblich belegt sind. Das ist indisches Problemmanagement in Vollendung. Die haben wieder einmal die bessere Ausdauer und wollen auch noch mal nachbessern, während wir zu Abend essen. Aber wer glaubt das noch? An der Rezeption treffen wir noch mal *Ranjth*, der immer noch unsere Zettel sortiert. Ich will eigentlich noch etwas sagen, finde aber keine passenden Worte. Kopfschüttelnd treten wir raus auf die Straße, um erst mal tief durchzuatmen. Das Schnellrestaurant ist wieder mal erstklassig. Stramme Organisation, immer aufmerksames Personal und schmackhaftes Essen im Minutentakt. So könnte man es treffend umschreiben. Die Bar wird ebenfalls unseren Erwartungen gerecht. Hier passiert jetzt genau das, wovon mein ausgetrockneter Gaumen den ganzen Abend geträumt hat. Und Erdnüsse gibt es auch noch dazu. Wieder fällt der Strom aus, sodass der Dieselgenerator das Nötigste weiterversorgen muss. Dieses Mal wird es wohl länger dauern, denn die Leinwand für den Beamer wird sofort hochgekurbelt. Auch wir haben für heute genug erlebt. Mit einer Mischung aus Zufriedenheit und Erschöpfung naschen wir noch einmal von der mitgebrachten Wechselgeldzugabe. Grobes Salz vermischt mit Anis. Und wer jetzt in Gedanken gerade »igitt« gesagt hat, dem empfehle ich, es erst einmal zu probieren. Nichts ist, wie es scheint. Schon gar nicht in Indien.

Vor unserem Zimmer angekommen, will ich mit Volker wetten, dass die Klimaanlage immer noch kaputt ist. Die Wette kommt natürlich nicht zustande, denn die Wahrscheinlichkeit für eine erfolgte Reparatur geht gegen null. Wie erwartet – alles beim Alten. Nur das Zimmer ist wieder ein bisschen wärmer geworden. Die gefühlte Wärme im Raum ist tatsächlich deutlich höher als die aktuelle Außentemperatur von 29°C. Na dann, gute Nacht! So gut verläuft sie dann aber doch nicht. Volker scheint auf mysteriöse Art durchzuschlafen, während ich kurzatmig auf diesem *Super de Luxe-Bett* vor mich hin schwitze. Die Geschichte ist schnell erzählt. Vier Mal gehe ich in dieser Nacht duschen, um mich anschließend pudelnass auf das Laken zu legen. Als Schlaf lässt sich das bei bestem Willen nicht bezeichnen. So entwickle ich schon bereits ab 3 Uhr nachts ungeahnte, sadistische Fantasien, bei denen der Hotelportier stets die Hauptrolle einnimmt. Gegen 7 Uhr beende ich den schwülfeuchten Albtraum mit einer finalen, kalten Dusche. Ich schwöre, dass ich bis dahin weder bösartig noch aggressiv gewesen bin. Eigentlich bin ich dazu noch viel zu müde. Mein Magen freut sich auf ein anständiges Frühstück und mein Kopf auf die letzten 70 Kilometer nach *Delhi.* Wo wir frühstücken können, möchte Volker vom Etagenmanager wissen. Der hat statt einer Antwort aber nur diesen verunsicherten Gesichtsausdruck parat. An der Rezeption erklärt man uns, das

Hotel serviere kein Frühstück, sei auch gar nicht darauf eingerichtet, und wir können gestern unmöglich darüber gesprochen haben. Augenblicklich habe ich meine Halbträume der letzten Nacht wieder glasklar vor Augen. Ich blicke meinen Feind mit starrem Blick an, nein, eher durch ihn hindurch, und zähle in Gedanken langsam bis 10. Schon bei 6 habe ich alle Ungereimtheiten der letzten 14 Stunden chronologisch geordnet, um sie *Ranjith* gleich an den Kopf zu knallen. Er setzt gerade wieder seinen Dackelblick auf. Doch diesmal, mein Freund, wird er dich nicht retten.

»Please, Sir, may I have your attention? Du hattest hier gestern nur noch teure *Super de Luxe Zimmer*, obwohl hier außer uns beiden weit und breit keine Menschenseele zu sehen ist. Dann funktioniert dort nicht mal die Klimaanlage, und keiner von euch Spezialisten ist in der Lage, sie zu reparieren. Ich versichere dir, meine Nacht war alles andere als *Super De Luxe*. Und jetzt erzählst du mir, es gäbe kein Frühstück, obwohl wir gestern beim Einchecken ausdrücklich für zwei Personen danach gefragt hatten. Was, bitte, kannst du mir für die Unannehmlichkeiten der letzten Nacht anbieten?«

Ranjiths Augen weiten sich. Damit hat er wohl nicht gerechnet. Eher mit dem Standard-Anschiss eines Europäers, der danach wutentbrannt das Weite sucht. Nein, jetzt muss *Ranjith* mal richtig kreativ werden, was ihm offenbar Mühe bereitet.

»Ich könnte euch ja zwei Sandwiches machen.«

Welch eine geniale Idee!

»Hast du nicht eben noch behauptet, ihr seid auf Frühstück gar nicht eingerichtet? Nein, danke, ich möchte hier nichts mehr essen, sondern mein Geld zurück. Und zwar die exakte Differenz zu einem nicht klimatisierten Zimmer.«

Dass es die hier nicht gibt, ist mir natürlich klar. Doch bevor er genau das einwenden will, lege ich noch einmal nach.

»Wir packen jetzt unsere Sachen und sind in zehn Minuten wieder hier. Bis dahin sollte dir eingefallen sein, wie viele Rupees das ausmacht«.

Die Vorstellung hat gewirkt. Als wir mit Helm unter dem Arm durch das Foyer marschieren, hält uns *Ranjith* einige 100 Rupees entgegen. Wir bedanken uns artig und verlassen den Ort des Geschehens, ohne auch nur einen Blick zurückzuwerfen. Das Schnellrestaurant ist leider auch nicht auf Frühstück eingerichtet. So bleibt nur eine kühle *Limca* vom Straßenstand. Obwohl es gerade mal halb zehn ist, hat das Thermometer längst die 30 Grad-Marke geknackt. Eine geschlagene halbe Stunde beobachten wir das bunte Treiben hier an der vierspurigen Straße ohne uns auch nur eine Sekunde zu langweilen. Welch ein reges Treiben hier herrscht, und was für ein ohrenbetäubender Lärm dabei erzeugt wird, ist nahezu unvorstellbar. Gegenüber in den Telegrafenmasten hängen diese Furcht einflößenden Megaphonlautsprecher. Sie verbreiten am frühen Morgen einen derartigen Schalldruckpegel, dass man Mühe hat, die Motorengeräusche der Busse wahrzunehmen. Lediglich die alten Lkws gewinnen noch den akustischen Wettstreit. Wir übertragen die aktuelle Szene gedanklich in eine deutsche Innenstadt und stellen uns die möglichen Folgen dazu vor. Das Gedankenspiel beflügelt unser beider Fantasie, die immer neue mögliche und unmögliche Reaktionen vor unseren Augen entstehen lässt. Schlussendlich können wir uns aber nicht darauf einigen, welcher deutsche Ordnungshüter diese Show als Erster beenden würde. Eigentlich sind wir über dieses Gedankenspiel selbst erstaunt. Im Grunde haben wir uns inzwischen bestens mit diesem bunten Durcheinander arrangiert. Irgendwie mögen wir es sogar. Nur an die Lautstärke werde ich mich vermutlich nie gewöhnen können.

7. Big Mother India

Delhi rückt mit jeder Minute näher. Im gleichen Maße werden die Straßen immer breiter und der Verkehr zunehmend dichter. Die Mittagssonne läuft heute zur Höchstform auf. Der Horizont verschwimmt im Hitzegeflimmer. Da wir keine detaillierten Straßenkarten besitzen, schwimmen wir stets im Hauptstrom aller Fahrzeuge mit. Immer in der Hoffnung, dass dieser uns ins Zentrum führen möge. Aber vorher gibt es noch einen technischen Halt, ausgerechnet direkt an einem Autobahnkreuz. Der Hinterreifen ist mal wieder platt und Volker meilenweit voraus, ohne jede Chance auf eine schnelle Wendemöglichkeit. Auch wenn der Vorgang inzwischen zur Routine wird, es kostet uns wieder anderthalb Stunden, viel Schweiß und so manche Flasche Wasser gegen den Durst.

Ab jetzt wird der Verkehr immer dichter. Schon bald stehen wir im ersten Stau. Ohne Fahrtwind und damit auch ohne jede Kühlung. Ich staune über die Genügsamkeit unserer Motorräder, die in dieser Bullenhitze vor sich hin blubbern, als wäre es das Normalste auf der Welt. Manchmal ist es besser, nicht alles zu wissen. Deshalb bin ich heute auch froh, dass unsere Zweiräder kein Ölthermometer haben. Sonst hätte ich dem Motor sicher schon längst eine Pause gegönnt. Aber wir wollen ja auch irgendwann einmal ankommen. *Delhi* ist riesig. Für uns heute doppelt so riesig, weil wir absolut nicht wissen, wo wir genau sind. Hier wohnen knapp 14 Millionen Menschen. Dagegen sind Hamburg und München beschauliche Kleinstädte mit U-Bahn-Anschluss. Schon seit einer Stunde orientieren wir uns nur anhand der Sonne nach Westen. Immer Ausschau haltend nach einem Hinweis auf den Hauptbahnhof oder *Connaught Place*. Wir beginnen, Passanten nach dem Weg zu fragen. Die besten Resonanzen bekommen wir an den Bushaltestellen. Fast jeder kennt diesen großen Platz und schickt uns immer weiter geradeaus. Lieber einmal zu viel als zu wenig. Das ist die Fragetechnik mit der größten Erfolgsquote. Es ist mit dem Motorrad auch überhaupt nicht kompliziert. Einfach anhalten, dem verdutzt dreinschauenden Inder ein beherztes *Connaught Place* entgegenbrüllen und schon kommt ein Handzeichen oder ein Achselzucken. Jetzt befragen wir gerade ein paar junge Burschen in Schuluniformen, die sich über eine englische Unterhaltung erkennbar freuen. Während der offensichtlich Klassenbeste mit einer beeindruckend gewählten Ausdrucksweise zur Wegbeschreibung ansetzt, kommt ihm ein Praktiker und offenbar Lausbub der Fünfergruppe mit Taten zuvor. Schon ist er hinten auf meine Gepäckrolle gesprungen, um mir ein beherztes »Go! I show you the way« ins Ohr zu brüllen. Er steht zwischen mir und dem Gepäck, hat beide Hände auf meinen Schultern, und freut sich über den heutigen, schnellen Lift nach Hause.

»Go, Go! No problem! Go, Go!«

Seine Redseligkeit endet jäh, als ein Polizist auf der Fahrbahnmitte auftaucht. Nun ist er schlagartig mucksmäuschenstill und versteckt sich mit einer artistischen Glanzeinlage hinter meinem Rücken. Allerdings nur, bis wir an dem indischen Ordnungshüter vorbeifahren. Schon steht er wieder, lacht sich halb tot und zeigt dem Mann in der braunen Uniform einen ordentlichen Stinkefinger. Soweit die heutige Lektion zur indischen Amtsautorität.

»Stop, Stop! Drop me here!«

Schon stehe ich links am Randstein, von wo mein kleiner Freund wieder zu Fuß gehen muss. Er strahlt über das ganze Gesicht, bedankt sich höchst anständig und ist mit einem Satz über die nächste Mauer verschwunden.

»Ich liebe diese Jungs.«

Irgendwann durchfahren wir dann endlich diesen riesigen Kreisverkehr *Connaught Place*, nach dem wir stundenlang gesucht haben. Von hier ist es nur noch ein Katzensprung bis zum Hauptbahnhof. So rollen wir am frühen Nachmittag über den *Main Bazar*, um nach einer ganz bestimmten Unterkunft Ausschau zu halten. Jessie und Soyoung hatten uns dieses »Guesthouse« wärmstens empfohlen. Sie selbst haben dort ein paar angenehme Tage verbracht. Es handelt sich also um eine Information aus erster Hand. Für uns Grund genug, bei der Suche etwas Hartnäckigkeit zu zeigen. Doch als wir endlich in der Lobby sitzen, haben wir auch schon zwei Schlepper im Nacken, die bereits den Portier in ein lebhaftes Gespräch verwickeln. Das Zimmer hat kein Fenster. Moment, das hatten wir doch schon letzte Nacht. Außerdem sieht es aus wie die Kölner Innenstadt nach dem Rosenmontagszug.

»Wir müssen das nur noch gerade sauber machen«, teilt uns der gestresste Hotelmanager mit. Aber da haben wir so leichte Zweifel an seiner Glaubwürdigkeit. *Meerut* hat unserem Vertrauen in indisches Hotelpersonal einen tiefen Riss zugefügt. Nach all den erlebten Geschichten kann ich mir einfach nicht vorstellen, dass wir mit dem Ergebnis am Ende zufrieden sein werden. Natürlich ist es schwer zu sagen, ob man das Erlebte von gestern auf die Zimmersuche von heute übertragen kann. Aber das ist mir in diesem Moment ehrlich gesagt scheißegal!

»Nein, vielen Dank«, entgegne ich ihm noch höflich, aber in meinem Inneren bedarf es nur noch weniger Tropfen, um das Fass zum Überlaufen zu bringen.

»Mach das mal ganz in Ruhe. Und wenn du fertig bist, dann vermietest du das Zimmer einfach an den Nächsten, der hier vorbeikommt.«

Volker und ich bauen Blickkontakt auf.

»So wie letztes Mal?«

»Ja, und jetzt Abfahrt.«

Jetzt werden auch die Schlepper nervös. Sie sehen ihre leicht verdiente Provision dahingehen und attackieren uns entsprechend aggressiv mit den fantasievollsten Behauptungen. Das könnten wir nicht machen. Das wäre anders abgesprochen gewesen, und wo wir überhaupt hinwollen. Aber ich habe längst schon wieder meinen Adrenalinpegel von heute Morgen erreicht, was eigentlich nichts Gutes bedeutet. Wenn Fischerman böse wird, finden Diskussionen nicht mehr statt. Dann gibt es nur noch klare und knappe Antworten. Oftmals tut es mir hinterher leid. Aber jetzt bin ich erstmal sauer, was mein Gegenüber auch sofort zu spüren bekommt.

»Ich weiß genau, wohin ich jetzt gehe, und zwar ohne dich, mein Freund. Und jetzt geh mir besser aus dem Weg.«

Es ist wirklich kaum zu glauben, aber einer folgt uns tatsächlich noch bis zu der anderen Unterkunft. Nur ist er leider zu Fuß und dadurch ein bisschen später dran. Außerdem hat uns Ali sofort wiedererkannt. Er begrüßt uns gerade wie zwei verloren gegangene Söhne. So geht unser selbsternannter Schlepper-Freund für heute leer aus, was meine Laune gleich wieder etwas besser werden lässt. Nicht dass wir uns falsch verstehen. Ich habe nichts gegen Provisionen für Schlepper, die dafür auch eine Gegenleistung bringen. Im Gegenteil. Aus Südostasien weiß ich auch viel Gutes darüber zu berichten. Da wird genau gefragt, was man sucht, und auch kein Hehl daraus gemacht, dass für das Zeigen des Weges und die Vermittlung des Zimmers etwas abfällt. Ich hatte sogar schon einige dabei, die mir am nächsten Tag eine Tour anboten oder einfach nur die Highlights ihres Ortes zeigen wollten. Für einen fairen, wenn auch touristischen Geldbetrag. Oft ergaben sich damit ungeahnte und für mich unvergleichliche Einblicke in den Alltag der Bewohner vor Ort. Und wenn jemand diese Leistung erbringt, auch wenn es oft nur eine Vermittlung ist, dann soll er bitteschön auch etwas dafür bekommen. Auch von mir. Wie sagen unsere Politiker so schön: »Arbeit muss sich auch lohnen.«

Was mich an unseren beiden Freunden von vorhin so ärgert, ist etwas anderes. Sie laufen einfach nur hinter dir her, weil sie spitzbekommen haben, dass du etwas suchst. Auch wenn du dich auf kein Gespräch mit ihnen einlässt. Sie stellen dir nach, um im entscheidenden Augenblick eine Sekunde vor dir mit dem Portier zu sprechen. Dort behaupten sie dann, dich hierher geführt zu haben. Das ist alles, was sie drauf haben. Da habe ich in der Tat noch mehr Sympathien für die falschen Türsteher, die es hier am Main Bazar geben soll. Nein, das ist kein Scherz. Sie arbeiten auf der Straße, vor einem fremden Hotel, um Neuankömmlinge abzufangen. Denen wird dann erklärt, das Hotel sei ausgebucht, und natürlich wird auch gleich eine noch bessere Adresse in der nächsten Straße empfohlen. Drinnen an der Rezeption wundert man sich derweil über den starken Rückgang der Gäste. Dann gibt es da noch diese besondere Art von hilfsbereiten Taxifahrern. Hat er dir erst mal den Namen deiner Unterkunft entlockt, erzählt er dir die tollsten Geschichten. Entweder ist das Hotel dreckig oder sogar von Ungeziefer befallen. Oder dort wird viel gestohlen. Im Extremfall kann es auch vor drei Tagen abgebrannt sein.

»Yes, that's true. Better I show you another one.«

Bleibst du dann hartnäckig und erreichst kurz darauf dein Hotel, hat er das halt mal eben verwechselt.

»Nein, ich meinte das andere. Das hier ist natürlich OK.«

Alle diese kleinen Gauner sind ja im Vergleich zu unseren beiden Freunden noch richtig kreativ. Das hat sogar ein bisschen was mit Schauspielkunst und dem damit verbundenen Unterhaltungswert zu tun. Wenn diesen Schlitzohren dann manche Touristen auf den Leim gehen, habe ich dafür ansatzweise sogar Verständnis. Aber nur den Rahm abschöpfen zu wollen, so wie unsere beiden Vertreter, das finde ich so richtig schön zum Kotzen.

Aber zurück zu Volker und mir ... Wir sind jetzt so richtig in *Kingfisher*-Laune. Deshalb habe ich Ali auch gerade zwei Finger gezeigt und ein paar Scheine in die Hand gedrückt. Doch zuvor haben wir noch eine Hürde zu nehmen. Die Motorräder wollen wir heute auf jeden Fall noch loswerden, weil sie in *Delhi* keinen praktischen Nutzen mehr darstellen. Mr. Trehan gibt sich, wie gewohnt, als ruhiger und sachlicher Geschäftsmann. Er freut sich über unsere Rückkehr und vermutlich auch darüber, dass die beiden Zweiräder mehr oder weniger durchgehalten haben. Trotzdem lässt er die Fahrzeuge bei der Rückgabe von seinen Mechanikern durchchecken. Ein paar Kleinigkeiten hat er zu bemängeln. Da wären die beiden Schläuche, ein Rücklicht, Batteriekasten gebrochen und ein gerissenes Nummernschild. Halt, das sah vorher schon so aus. OK, er streicht die Position wieder. Dann wären da noch die defekte Kickstarterfeder und ein Höhenschlag am Hinterrad. Eine überzeugende Leistung der Mechaniker, die in kürzester Zeit wirklich alle kleinen Mängel entdeckt haben. Mr. Trehan addiert die Einzelsummen, um uns den zu zahlenden Gesamtbetrag zu präsentieren. Gerät man in einer solchen Situation an den Falschen, wird es a) richtig teuer und b) sehr ärgerlich. Das Internet ist voll von Erfahrungsberichten, wo die Mieter von Motorrädern am Ende richtig zur Kasse gebeten wurden. Das reicht von fiktiven Mängeln und überhöhten Preisen bis dahin, die Rückgabe der Kaution zu verweigern. Da sind wir eindeutig besser dran. Wir diskutieren mit Mr. Trehan schon fast freundschaftlich über diese Kleinigkeiten. Dennoch dauert es sehr lange, bis er sich bereit erklärt, die Zusatzkosten mit dem einen zu früh abgegebenen Tag zu verrechnen. Eigentlich hätten wir ja erst morgen hier erscheinen sollen. Zum Abschied überreicht er uns den unberührten Briefumschlag, in dem unsere Kaution hinterlegt wurde. So viel korrektes Verhalten hat mehr verdient als nur einen feuchten Händedruck und lobende Worte. Dieser Laden hat ab jetzt meine Empfehlung an alle, die in *Delhi* ein Zweirad suchen. Zurück auf dem *Main Bazar* zaubert Ali mit einem lausbubenhaften Lächeln zwei eiskalte *Kingfisher* aus dem Gefrierfach. Sein Lächeln hält heute besonders lange vor, weil ich die restlichen 60 Rupees noch nicht zurückgefordert habe. Dreckig, verschwitzt und abgekämpft sitzen Volker und ich auf dem Doppelbett in unserem kleinen Zimmer. Der Deckenventilator dreht den 40 Grad warmen Mief schön langsam in die Runde, und wir erinnern uns an Algerien, wo wir vor 17 Jahren ähnlich ausgepowert in *Illizi* festgesessen haben. Damals mussten wir in einer Nachtaktion Volkers KTM-Gabel wegen Undichtigkeiten zerlegen. Also eine ganz andere Nummer. Aber so ein paar Parallelen zu dem diesjährigen Trip in Indien sind schon vorhanden. Zwei wichtige Unterschiede stellen wir allerdings auch fest. Wir waren damals Anfang 30 und in Algerien gab es keinen Tropfen Bier. Prost!

Das hatten wir uns mal wieder richtig klug ausgedacht. Zwei Fliegen wollten wir mit einer Klappe schlagen. Einerseits ein leckeres Frühstück ergattern, und dabei auch gleich unsere Rückflugtickets online einchecken. Denn gerade ist unser letzter Tag in *Delhi* angebrochen. Deshalb sitzen wir auch jetzt in einer dieser multifunktionalen Gaststätten mit einer unübersehbaren IT-Ausstattung. Der *Check-in* hat reibungslos geklappt. Die Bordkarten lassen sich dabei direkt ausdrucken. Die Sache mit dem Frühstück soll aber auch heute wieder nicht zu unserer Zufriedenheit ablaufen. Selbst der Tee ist grottenschlecht. Um den zu versauen, muss sich ein Inder schon richtig Mühe geben.

»Ali, wir brauchen heute Nacht um 2 Uhr ein Taxi zum Flughafen. Kriegst Du das hin?«

»Yes my friend, no problem.«

Er hat den Telefonhörer schon in der Hand.

»Was habt ihr bis dahin noch vor«, möchte Ali gern wissen.

»Gute Frage. Wir machen mal das, was alle guten Touristen an ihrem letzten Tag in Indien tun – shoppen!«

Shopping in *Delhi* geht so: Beobachte genau, wo die Masse der anderen Touristen einkauft, und dann gehe dort auf gar keinen Fall hin. Ein kurzer Besuch zum Abchecken der meist überhöhten Preisvorstellungen ist erlaubt. Danach lässt man sich von einer Motorriksha von der Touristenmeile wegbringen. Wir hatten uns bei der gestrigen Anreise einige vielversprechende Straßenzüge gemerkt, die wir heute zu unserer eigenen Verwunderung sogar auf Anhieb wiederfinden. Jetzt muss man sich nur noch entscheiden, ob man mit Textilien, Schmuck oder sonstigem Krimskrams beginnen möchte. Dann steht dem Einkaufsspaß nichts mehr im Wege. Ich entscheide mich für Letzteres und arbeite mich gerade durch Öllampen, Vasen, Räucherstäbchenhalter, kleine Kästchen aus Kamelknochen und natürlich auch durch die Götterriege der Kollegen Ganesha, Krishna, Shiva in Holz und Messingausführung. Die Stände quellen über von kleinen, hübschen Dingen, die eigentlich kein Mensch braucht. Doch sie strahlen etwas aus, was unsereins mit dem Begriff »Tausendundeine Nacht« verbindet. Wenigstens einen Teil davon möchte fast jeder Tourist als Erinnerung daheim auf dem Schrank stehen haben. Ich mache da keine Ausnahme. Der Rest ist gewohnte Shopping-Routine. Möglichst in einem Laden das gesamte Wunschspektrum abdecken, ein schönes, großes Paket an Artikeln zusammenstellen, handeln, noch etwas dazufügen, wieder handeln, erst mal völlig empört über den angebotenen Preis sein, dann wieder arm sein und nicht genug Geld haben. Zum Schluss einmal den Laden verlassen, um wieder zurückgerufen zu werden, und am Ende alles fein säuberlich in Zeitungspapier eingewickelt nach Hause schleppen. Erst später in Deutschland werde ich merken, dass diese Gegenstände immer wieder zum Blickfang in unserer Wohnung werden. Natürlich ist es Ramsch! Man wird auch in *Delhi* wohl keinen Kunstgegenstand für 2,50 Euro ergattern können. Aber es hat eine schwer erklärbare Ausstrahlung auf seine Betrachter. Natürlich auf mich besonders, weil ich das Erlebte mit diesen kleinen Schmuckstücken assoziiere.

Eine junge Bettlerin bittet um ein Almosen. Eigentlich ist es eher ein nachdrückliches Fordern, ohne jede menschlich nachvollziehbare Verhaltensweise. Sie ist gerade mal aus dem Kindesalter raus, wirkt apathisch wie jemand, dem keine Zeit mehr für freundliche Worte bleibt. Ich schenke ihr einen Milchshake, den ich schon eine ganze Weile mit mir herumschleppe. Sie greift ihn sich mit starrem Blick und ohne jede Gemütsregung. Dann zieht sie weiter ihre Bahnen, auf und ab vor den Schnellrestaurants. Vor dem McDonald's lauert sie, wie ein angeschlagenes, hungriges Tier. Immer in der Hoffnung, dass ein Gast nicht allzu viel Hunger hatte und die Packung zu früh wegwirft. Das ist die Kehrseite von *Incredible India*. Einmal auf der Straße, hast du kaum noch eine reale Chance. Wenn dann noch gesundheitliche Handicaps dazukommen, wie es bei ihr offensichtlich der Fall ist, trifft dich der indische Alltag mit aller Härte. Sie kann die Burger und Pommes Frites durch die großen Glasscheiben sehen. 18 Stunden am Tag finden sie ihre Abnehmer bei der zahlungsfähigen Kundschaft. Junge Leute in Nike-Sportschuhen, Jeans und weißen Oberhemden. Das Fast Food aus Übersee scheint ihr zum Greifen nahe zu sein und ist doch unendlich weit entfernt. Hier hat jedes Schnellrestaurant einen Security Service, der Bettler und andere ungebetene Gäste auf Distanz halten soll. Keine Ahnung, wie man diesen Job mit seinem menschlichen Gewissen vereinbaren kann. Vermutlich bekommst du irgendwann ein so dickes Fell, was dich dann nicht nur selbst schützt, sondern auch unfähig macht, für die Bettler Mitleid empfinden zu können.

Ich erinnere mich an ein ähnliches Erlebnis in Nairobi, das ich bis heute nicht vergessen konnte. Damals war Nairobi in gefährliche und weniger gefährliche Straßenzüge eingeteilt. Bei Dunkelheit machte man dann keinen Unterschied mehr. Mit entsprechender Vorsicht im Hinterkopf machte ich mit über ein halbes Hähnchen mit Pommes her. Das war 1996, als noch Fleisch auf meinem Speisezettel stand. Von links rückte mir ein Afrikaner auf die Pelle und bat mich um Essen. Er war sehr einfach gekleidet, aber weder zerlumpt, noch fehlten ihm gewisse Umgangsformen. Ich ging damals vorschnell davon aus, dass er den Hunger nur vorgab, um mich am Ende um Geld anzubetteln. Ich war aggressiv und genervt von den dauernden Berührungen eines Fremden, der diesen intimen Abstand von wenigen Zentimetern einfach nicht zu kennen schien. Ein einziger, magerer Flügel lag noch auf dem Teller, den ich dann ärgerlich zu ihm rüberschob.

»Du hast Hunger? Na dann – guten Appetit.«

Ich weiß nicht mehr, was ich in meiner damaligen Stinklaune erwartet hatte. Jedenfalls nicht das, was ich jetzt zu sehen bekam. Er fiel über die Reste meines Essens her wie jemand, der verdammt viel Hunger gehabt haben muss. Jeder Knochen wurde noch mal einzeln abgenagt. Ich saß daneben und traute meinen

Augen nicht. Am Ende ergriff er meine beiden Hände, sah mir in die Augen und bedankte sich so aufrichtig, wie man das nur tun kann. Als er durch die Tür verschwunden war, fühlte ich mich wie versteinert. Ich schämte mich für meine weiße Arroganz in Grund und Boden. Das fühlt sich an, als wenn dir jemand die Luft abdrückt. In diesem Moment möchtest du ihm am liebsten hinterherlaufen, um dich zu entschuldigen, und dieses verdammte Schuldgefühl loswerden. Das funktioniert aber dann nicht mehr. Der schlechte Film ist dann schon gelaufen und lässt sich auch nicht mehr zurückspulen. Außerdem würde er auch gar nicht verstehen, was du von ihm willst. Diese Situation hat mich damals so stark berührt, dass sie bis heute fest in meinem Gedächtnis verankert ist. Ich möchte so etwas unter keinen Umständen noch mal erleben. Niemand kann ohne Schuldgefühl eine bittende Hand zurückweisen. Immer bleibt dieser bittere Beigeschmack zurück, den man dann möglichst schnell verdrängen will. Das ist auch hier in Indien so.

Nachdenklich steigen wir in eine Motorrikscha, ohne wirklich zu verstehen, wie diese Dinge hier laufen. Die ganze Stadt ist voller Fotomotive. Nein, keine Paläste, Museen oder Parkanlagen. Es sind eher *Delhis* tagtägliche Straßenszenen, die ich für so sehenswert halte. Auch wenn einige bei mir so eine Mischreaktion aus »Luft anhalten« und »Kopfschütteln« hervorrufen. Da gibt es Menschen, die in der Straße graben, um die Wasserleitungen anzuzapfen, ausgemergelte Rikschafahrer mit drahtigen Beinen und beleibte, in Saris gehüllte Damen, die dich keines Blickes würdigen. Direkt vor mir humpelt ein junger Bursche auf dem, was von seinen Beinen noch übrig ist, über den Bahnhofsvorplatz. Unsereins kneift bei dem Anblick die Augen zusammen, um den imaginären Schmerz jedes einzelnen Schrittes besser ertragen zu können. Aber dieser junge Mann scheint keine Schmerzen zu haben. Im Gegenteil. Mit einem Lächeln auf den Lippen strotzt er nur so vor positiver Ausstrahlung. Als wenn er sagen wollte:

»Seht her, ich bin in *Delhi* angekommen. Das wird ein wunderschöner Tag, und er gehört mir.«

Hatte ich diesen Ausdruck schon einmal erwähnt?

»Incredible India!«

irgendwann kommt der Zeitpunkt, wo man diese ganzen Eindrücke nicht mehr verarbeiten kann. Es ist eine Art Reizüberflutung, die deinen Sinnesorganen viel zu viele Informationen zuführt. Nicht nur optische Eindrücke, die später auf Fotos zu sehen sind, sondern auch Gerüche, Geräusche, Berührungen und vieles mehr. Das geht eine ganze Weile gut. Aber dann macht die CPU in deinem Kopf diesen Zirkus nicht mehr mit. Du nimmst von da an alles nur noch gedämpft wahr. Bist nicht mehr mittendrin, sondern außen vor. Du antwortest auch nicht mehr, wenn von der Seite ein »Look my shop« oder »What's your country?« kommt.

Genau dann ist der Zeitpunkt gekommen, die Fotokamera zur Seite zu legen. Denn ab jetzt produzierst du nur noch unbrauchbares Zeug. Auch wenn das in der heutigen Zeit der Digitaltechnik kein Geld mehr kostet, möchte ich trotzdem nicht Gigabytes von Datenmüll produzieren. Ein Foto erhebt immer den Anspruch darauf, ein Unikat zu sein. Hast Du zwei ähnliche Motive, büßt jedes von ihnen seine Originalität ein. Und in 90 Prozent aller Fälle war der erste Schuss sowieso der bessere. Deshalb für heute: keine Fotos mehr. Schwarze Schachtel aus.

Den Abend verbringen wir etwas wehmütig in dem schönen Dachrestaurant. Wir diskutieren unsere Indien-Eindrücke und stoßen dabei auf so viele Widersprüche, die wir uns nicht wirklich erklären können. Möglicherweise liegt das an diesem deutschen Blickwinkel, der uns beiden ja mit in die Wiege gelegt wurde. Vielleicht verliert er an Einfluss, wenn man länger bleibt. Aber los wirst du das nie. Das hatten uns auch Jessie und Soyoung bereits in *Rishikesh* beherzt an den Kopf geknallt.

»Ihr Deutschen denkt halt oft an die Sicherheit. Daher werdet ihr niemals so unbefangen durch Indien reisen können wie manche Amerikaner.«

Vielleicht trifft diese Behauptung nicht direkt ins Schwarze, aber da ist auf jeden Fall etwas dran. Das ist ein schöner Nebeneffekt des Reisens. Man lernt auch über sich selbst dazu. Als wären sie durch unsere Gedanken herangebeamt worden, stehen plötzlich die beiden Mädels aus Seoul vor uns. Sie kamen gestern Abend mit dem Zug hier an und hofften, genau wie wir, dass sich unsere Wege in *Delhi* noch mal kreuzen würden. Es gibt viel zu erzählen. Soyoung fliegt morgen über *Mumbai* zurück nach Korea, Jessie wird den Flieger nach Bangkok nehmen. Gut fünf Wochen bleiben ihr noch, um durch Thailand zu reisen. Weil ich im März gerade erst dort gewesen bin, notiere ich ihr ein paar Adressen. Die Stimmung ist recht ausgelassen, sodass wir nach dem Essen noch eine Bar aufsuchen. Hier steht das Stimmungsbarometer ganz klar auf »Party Time«. Im Strudel der guten Laune werden wir mitgerissen. Längst ist uns allen klar, dass heute Abschied gefeiert wird, bis das Taxi vor der Tür steht. Hier und heute Nacht bewegen wir uns durch

Delhis Bahnhofsviertel wie eine alt eingespielte Vierergruppe, die sich schon jahrelang zu kennen scheint. Am Ende bleiben Volker und mir ganze zwanzig Minuten, um den Rucksack zu packen.

»Taxi, Sir, Taxi.«

Es ist zwei Uhr nachts. Alle Läden haben ihre metallenen Tore wieder fest verrammelt. Auf der Straße schlafen Kühe. Hunde streunen umher, und hier und da liegen Menschen schlafend auf den Treppenabsätzen. Es ist nahezu das gleiche Bild wie bei unserer Ankunft vor zwei Wochen. Aber heute stehen vier Reisende auf dem *Main Bazar*, um ihre letzten gemeinsamen Minuten zu verbringen. Der Taxifahrer drängt zur Eile. Aber die Stimmung ist zu ausgelassen, als dass wir auf ihn hören würden.

»Alles Gute für die Zukunft.«

Ja – und noch ein Foto für das koreanische Familienalbum. Aber dann setzt sich der kleine Suzuki in Bewegung, und kurz darauf sind die beiden Mädels aus Fernost nur noch ein winziger Punkt am Ende der Straße.

Der Weg zum Flughafen verläuft fast lautlos. Wir sind beide mit unseren Gedanken bei den letzten beiden Wochen. Es waren gerade mal 14 Tage, die für Indien nicht mehr als einen kurzen Augenblick bedeuten. Viel zu wenig Zeit, um größere Distanzen zurückzulegen, Indien richtig kennenzulernen oder gar zu verstehen. Und trotz alledem: Wir haben in dieser kurzen Zeit nach unserem Empfinden unglaublich viel erlebt. Kein Tag war wie der andere. »Mother India« überraschte uns immer wieder aufs Neue. Das ist das Besondere an dem Subkontinent. Du rauchst ihn ohne Filter. Er ist einfach so da, wie er halt ist. Auch für dich als Tourist. Mal wunderschön, farbenfroh und einfühlsam. Dann wieder dreckig, brutal und menschenverachtend. Nur eines ist Mother India immer: ehrlich und direkt! Sie hat es nicht nötig, eine amerikanisierte Welt zu kopieren, um glänzender, schöner und reicher zu erscheinen. Indien besitzt gewachsene Strukturen die über 5000 Jahre alt sind. Ob sie dir gefallen oder nicht, ist dein Problem. Niemand hat dich gerufen. Also arrangiere dich gefälligst damit, wenn du schon nichts davon verstehen kannst. Wir haben diese Message genau so verstanden. Und wir haben auch beide gemerkt, wie ungeheuer intensiv Indien bei uns angekommen ist. Nein – nicht schlecht. Auch nicht durchweg gut. Die Aussage ist absolut frei von jeder Wertung. Nur unglaublich intensiv. Trotz aller erlebten Schlitzohrigkeiten bleibe ich bei meiner Meinung. Das indische Volk gehört zu den freundlichsten Menschen, die ich auf Reisen getroffen habe. Aber auch zu den anstrengendsten. Die unzähligen Begegnungen haben uns das gelehrt. Jing und Jang kommen immer gemeinsam auf dich zu.

In wenigen Stunden landet der Airbus auf deutschem Boden. Dann läuft alles wieder nach Plan. Wir werden wieder so funktionieren, wie es von uns erwartet wird. Doch der Schein trügt. Ich bin nicht mehr ganz der gleiche wie vor zwei Wochen. Wieder einmal hat jemand mein schönes, buntes Gehirnmosaik durcheinandergebracht. Nein, nicht zerstört, sondern nur einmal ordentlich durchgemischt. Und außerdem hat »Mother India« noch ein paar andere, neue Steine dazugepackt. Das werde ich wohl in den nächsten Wochen wieder schön deutsch sortieren müssen. Allerdings ohne auch nur einen einzigen Stein wegzuschmeißen. Noch weiß ich nicht, wie weit ich mich gedanklich von meiner Heimat entfernt hatte. Erst als ich zu Hause berichte, wird mit recht schnell klar, dass eigentlich niemand nachvollziehen kann, wovon ich überhaupt rede. Auch die Fotos können das Erlebte nicht ausdrücken. Im Gegenteil. Kleine Nebensächlichkeiten am Bildrand werfen Fragen auf, die ich nicht verstehe. Erst jetzt erahne ich, was Indien mit uns gemacht hat. Denn Volker geht es daheim in Bochum nicht anders. Auch er stößt fast durchweg auf Unverständnis. Nur ganz wenige Freunde können unsere Situation halbwegs nachvollziehen. An erster Stelle steht da Heike, die sich für jeden einzelnen Reisetag interessiert. Wir flogen vor ein paar Jahren schon einmal gemeinsam nach Indien, um über Land von *Goa* bis nach *Trivandrum* zu reisen. Daher kennt sie sehr gut diesen Effekt des umgekehrten Kulturschocks. Aber für alle anderen möchte ich jetzt nicht mehr Bericht erstatten müssen. Auch keine Erklärungen für Dinge finden, die ich selbst noch nicht verstehe. Still und zurückgezogen sind meine Gedanken bei den letzten beiden Wochen.

Da gibt es noch einiges aufzuarbeiten, zwischen »Big Mother India« und mir.